Tim Hartmann · Markus Gerber · Uwe Pühse

KÖBI KUMMER

24 AMÜSANTE KURZGESCHICHTEN ZUR MOTIVATIONSPSYCHOLOGIE

Autoren

Tim Hartmann

Markus Gerber

Uwe Pühse

Illustrationen

Leo Kühne

Satz und Gestaltung

www.brunnergraf.ch

Herstellung

CreateSpace

1. Auflage 2018

ISBN 978-1985566897

Kennen Sie eigentlich den Kobra-Effekt? Oder haben Sie schon einmal etwas von Ego-Depletion oder dem Appetenz-Aversions-Konflikt gehört? Nein? Dann sollten Sie dieses Buch lesen. Denn Köbi Kummer erklärt es Ihnen. 'Köbi' – der Schweizer 'Jakob' – ist eigentlich ein ganz normaler, fleissiger und rechtschaffender Bürger, ein Jedermann quasi, ein Mensch, wie wir ihn im täglichen Leben immer wieder antreffen.

Und dieser Köbi erlebt Situationen, die auch Ihnen sicher bekannt vorkommen: Zum Beispiel, wenn Sie sich ein persönliches Ziel setzen. Doch kaum ist nur ein wenig Zeit vergangen, schon verlieren Sie dieses Ziel wieder aus den Augen. Und eng damit verbunden, wenn Sie sich angespannt und unzufrieden fühlen, weil Sie merken, dass Ihr Verhalten nicht mit den Zielen übereinstimmt, die Sie sich eigentlich gesetzt hatten; wenn Sie also nicht 'konsistent' sind und sich – ohne dass Sie sich dessen immer in letzter Konsequenz bewusst sind – in einer 'kognitiven Dissonanz' befinden.

Diese und zahlreiche andere Phänomene begegnen Ihnen in diesem Buch. Genauer gesagt begegnen Sie zunächst einmal Köbi und seiner Frau Lisbeth, und zwar in Form von Alltagserfahrungen, ohne dass Köbi sich dabei bewusst ist, welche psychologischen Erklärungen und Theorien sich hinter seinen Erlebnissen und Verhaltensweisen verstecken könnten.

Und darum geht es im Kern dieses Buches: Alltägliches Verhalten wird psychologisch beleuchtet und erklärt, und dies auf eine unterhaltsame und leicht verständliche Weise.

Psychologisches Theoriewissen wird so also nicht mit Blick auf die studierte Fachperson, sondern primär für den psychologisch interessierten Leser praxisnah und anregend dargestellt und allgemeinverständlich erklärt.

Ganz sicher werden Sie sich also selber an der einen oder anderen Stelle dieses Buches wiederfinden und dabei vielleicht schmunzeln, 'Aha-Effekte' haben und möglicherweise Ihr eigenes Verhalten in einem anderen Licht sehen. Und dabei wünschen wir Ihnen ganz viel Vergnügen!

Tim Hartmann, Markus Gerber und Uwe Pühse

Basel, im August 2018

1. INTRINSISCHE UND EXTRINSISCHE MOTIVATION

Köbi Kummer und die giftgrünen Turnschuhe

Der Mann im weissen Kittel schob seine Brille zurecht, blickte auf Köbi Kummers unförmigen Körper und meinte: „Krafttraining, Kummer. Machen Sie mal Krafttraining!" Dann kramte er in seiner Schreibtischschublade, zückte einen farbigen Prospekt und hielt ihn Kummer unter die Nase. Kummer lehnte sich vor und griff nach dem Prospekt. Stirnrunzelnd sah er sich die gut gebauten und gebräunten Menschen an, die lachend Gewichte in die Höhe stemmten. „Aber Herr Doktor", entgegnete Kummer, „was soll ich denn in einem Fitnesscenter? Das ist doch was für Junge! Ich brauch am Strand keine gute Figur zu machen, ich will bloss, dass diese Rückenschmerzen endlich verschwinden!" Noch bevor Kummer den Wunsch nach einer Packung Schmerzpillen anbringen konnte, unterbrach ihn der Arzt: „Hören Sie, Herr Kummer, die Zeiten ändern sich, Fitnesscenter sind heute was für jedermann!" Dann fuhr er fort, referierte über massgeschneiderte Trainingsprogramme und neueste wissenschaftliche Erkenntnisse und betonte, dass ein starker Muskel keine Schmerzen kenne. „Keine Schmerzen", die Worte liessen Kummer, der zwischenzeitlich mit den Gedanken etwas abgeschweift war, aufhorchen. Ruckartig erhob er sich und verliess mit entschlossenen Schritten die Praxis. Zwei Stunden später stand er voller Tatendrang mit neuen, giftgrünen Turnschuhen im Eingangsbereich eines Fitnesscenters. „Haben Sie schon mal Krafttraining betrieben?" wollte Tom, der junge Fitnessinstruktor, von Kummer wissen. Kummer verneinte, betonte aber, dass er in seiner Jugend sehr sportlich gewesen sei. Ein leidenschaftlicher Windsurfer sei er gewesen. „Schwerelos über das Wasser zu gleiten, ist schon ein unbeschreibliches Gefühl", geriet Kummer für einen Moment ins Schwärmen. Die aufgetretenen Rückenschmerzen hätten ihm aber die Fortsetzung seines Hobbies verunmöglicht. „Und jetzt", meinte Kummer gedankenverloren, „surfe ich seit ein paar Jahren nur noch im Internet." Tom nickte wissentlich, packte ihn am Arm und fing an, ihm die Trainingsgeräte zu instruieren. Anfänglich rebellierte Kummers Körper. Seine lift- und rolltreppenverwöhnten Muskeln reagierten einigermassen geschockt, als Kummer sich auf einem Stepper wiederfand. Wenig überraschend rächten sie sich an Kummer, als er sich am Folgetag aus dem Bett wälzte. „Muskelkater!" erzählte Kummer seinen Bürokollegen und es schwang etwas Stolz in seiner Stimme mit. Kummer war motiviert.

Bald schon wurden die giftgrünen Turnschuhe zu seinen treuen Begleitern. Drei Mal die Woche kämpfte er mit sich und der Schwerkraft, hob und zog an den Gewichten, bis die Muskeln sauer waren. Die Mühe zahlte sich aus. Als die Sommerferien vor der Tür standen, gehörten die Rückenschmerzen der Vergangenheit an, und Kummer packte strahlend sein Surfbrett auf das Autodach. Der Sommer ging und mit ihm auch die Motivation. Auf Kummers To-do-Liste verdrängten Termine und Sitzungen den Fitnesscenterbesuch von der Spitzenposition. Bald schon wurde aus dem regelmässigen Training ein sporadischer Abstecher. Und als die Tage kürzer wurden, hatten die giftgrünen Turnschuhe schon lange kein Tageslicht mehr erblickt. Zusammen mit den Sportklamotten schlummerten sie in der Trainingstasche vor sich hin. Als Kummer Mitte Dezember den Weihnachtsbaum vom Wagen hob, zwickte es ihn plötzlich wieder im Rücken.

Hinter jeder Handlung steht ein Grund, wieso jemand diese Handlung ausführen möchte. Psychologen sprechen in diesem Zusammenhang von Motiven, welche die Grundlage der Motivation bilden. Aus den Motiven erwächst die eigentliche Motivation. Liegen einer Handlung beispielsweise die Motive Freude, Interesse oder Neugier zugrunde, dann ist eine Person intrinsisch motiviert. Das heisst, die Motivation wird durch Anreize geschaffen, die von der Tätigkeit selbst ausgehen. Ein Tun verfolgt nicht ein eigentliches Ziel, sondern wird um der Tätigkeit willen gemacht. Intrinsische Motivation lässt sich schön bei kleinen Kindern beobachten, die im Sandkasten stundenlang Sandburgen bauen, diese zerstören und dann wieder aufrichten. Köbi Kummer ist beim Windsurfen **intrinsisch motiviert**. Er erfreut sich am Gefühl, das entsteht, wenn er scheinbar schwerelos über das Wasser gleitet.

Liegen für eine Tätigkeit äussere Anreize, Strafen oder Zwänge vor, sind Menschen extrinsisch motiviert. Die Motivation wird von aussen erzeugt und liegt nicht in der Sache selbst. Typischerweise versteht man darunter das Streben nach Geld, Belohnungen oder Anerkennung, aber auch das Vermeiden von negativen Konsequenzen wie Strafen oder Tadel. Köbi Kummers Besuch im Fitnesscenter ist in erster Linie **extrinsisch motiviert**. Denn er geht zum Krafttraining mit dem Ziel, seine Rückenschmerzen zu lindern.

Beide Formen von Motivation schliessen sich nicht aus. Personen können für eine Tätigkeit sowohl intrinsisch wie auch extrinsisch motiviert sein. Wer den brasilianischen Spitzenfussballern zuschaut, ahnt, wie viel Spass ihnen das Zaubern mit dem Ball bereitet. Zweifelsohne sind sie beim Fussballspielen intrinsisch motiviert. Gleichwohl dürften sie auch eine extrinsische Motivation an den Tag legen. Schliesslich haben sie sich für Vereine entschieden, die ihnen Jahresgehälter in astronomischer Höhe zusichern.

Im Zusammenhang mit intrinsischer und extrinsischer Motivation untersuchen Wissenschaftler die **Persistenz** bei Sporttreibenden. Gemeint ist damit das Durchhaltevermögen, sprich die Weiterführung einer Handlung bei erschwerten Bedingungen. Personen, die in erster Linie extrinsisch motiviert sind, geben schneller auf oder ziehen andere Tätigkeiten vor. Im Falle von Köbi Kummer trifft dies zu. Als im Herbst viele geschäftliche Termine und Sitzungen anstehen, vernachlässigt er sein Training. Heikel bei vorwiegend extrinsisch motivierten Aktivitäten ist zudem, dass sie nur so lange aufrechterhalten werden, wie eine Belohnung vorliegt. Köbi Kummer spürt nach Trainingsbeginn, dass seine Rückenschmerzen abnehmen. Dies entspricht einer positiven Verstärkung. In der zweiten Jahreshälfte ist Kummer schmerzfrei. Eine weitere Abnahme der Rückenschmerzen fällt weg und Kummer nimmt keinen direkten Trainingseffekt mehr wahr. Der Wegfall dieser Verstärkung wirkt sich negativ auf seine Motivation aus. Was muss getan werden, damit die giftgrünen Turnschuhe wieder ans Tageslicht kommen? Zusammen mit seinem Fitnessinstruktor Tom muss sich Köbi Kummer Gedanken machen, wie das Krafttraining neu gestaltet werden kann. Es muss zu einer Aktivität werden, die Kummer nicht nur extrinsisch, sondern auch intrinsisch motiviert. Vielleicht bereitet ihm das Krafttraining mit Musik oder mit anderen Geräten oder Hilfsmitteln mehr Freude. Möglicherweise spricht er auch gut auf eine Gruppenstunde „Rückenpower" an. Denkbar wäre zudem, die Kraftübungen mit alternativen Bewegungsformen wie Klettern oder Schwimmen zu kombinieren. Technisch anspruchsvolle Tätigkeiten, die gleichzeitig die Rückenmuskeln stärken, könnten bei Kummer die eingangs erwähnten Motive Neugier oder Interesse wecken und so seine intrinsische Motivation stärken.

1) Stelle in 5 Sätzen die Kurzgeschichte vor.

2) Stellt einen Bezug zur aktuellen Unterrichtsreihe her:

a) Wiederholung bereits bekannter Erkenntnisse/Inhalte

b) Ergänzung durch neue Begriffe hier Persistenz

3) Entwickelt Handlungsalternativen, hier Erhöhung der intrinsischen Motivation für ein Beispiel aus dem Gesundheitsbereich

Köbi Kummer und die Allee der Verlockungen

Um auszuweichen, musste Köbi Kummer den Wagen scharf nach links ziehen. Auf Höhe des Hindernisses bremste er abrupt ab und blieb stehen. „Aktion!" stand in knallig orangen Buchstaben auf einem Schild. Kummer stützte sich vornüber auf seinem Einkaufswagen ab und betrachtete den meterhohen Stapel. Er griff nach der Familienpackung Ohrstäbchen und rechnete. Selbst wenn er und seine Frau Lisbeth sich fortan zweimal täglich die Ohren putzten, würde dieser Vorrat wohl ein paar Jahre hinhalten. „Was soll's", brummte Kummer und liess die Packung in den Einkaufswagen fallen. Lisbeths Einkaufszettel in der Hand, steuerte er wie ein Orientierungsläufer durch den Supermarkt. Mal fand er den Posten sicher, mal erst nach Umwegen. Die Weinabteilung lief er auf direktem Weg an. Auf

Augenhöhe stach ihm ein edler italienischer Tropfen ins Auge. Mit Blick auf die Jahreszahl ahnte Kummer, dass dieser Wein sein Budget in Schieflage bringen könnte. Die Preisetikette gab ihm Recht. Nach längerem Suchen fand er unten links jenen Wein, den Lisbeth zu pflegen kaufte. Eine preisgünstige Alternative, die sich aber qualitativ nur leicht von einem Kochwein abhob. Kummer zögerte. Vor seinem geistigen Auge erschien ihm Lisbeth, die schulmeisterlich den Zeigefinger schwenkte. Kummer kniff so fest die Augen zusammen, bis sich Lisbeth in Luft auflöste, und legte die teure Flasche in den Wagen.

Er studierte den Einkaufszettel und stellte zufrieden fest, dass er die Liste abgearbeitet hatte. Noch eine Rechtskurve und dann bog er in die Kassenstrasse ein. Wobei es sich hierbei weniger um eine Strasse, als vielmehr um eine Allee handelte. Eine Allee, nicht mit Bäumen beschmückt, sondern beidseitig mit Kalorienbomben jeglicher Art behangen. Die ultimative Herausforderung für einen Menschen mit kürzlich gefassten Ernährungsvorsätzen. Kummer spürte instinktiv, dass er mit einer schwierigen Aufgabe konfrontiert war. Derweil hatte der kleine Junge vor ihm eine Packung Gummibärchen ins Visier genommen. Als er seine Hand ausfuhr, zog ihn seine Mutter entschieden zur Seite und der Kleine quittierte die Aktion mit einem Schreikrampf. So eine strenge Hand fehlte bei Kummer und es wurde ihm bewusst, dass er den Verlockungen hilflos ausgeliefert war.

Als er die Wohnungstüre aufstiess, kam ihm Lisbeth entgegen. Mit gerunzelter Stirn strich sie ihm die Schokoladenkrümel aus den Mundwinkeln.

Definieren Sie Motivation! Zugegeben, kein einfaches Unterfangen und eine Aufgabe, an die sich schon eine Vielzahl Psychologen herangewagt hat. Eine gängige Definition bezeichnet Motivation als Prozess, der durch die situative Anregung eines Motivs ausgelöst wird. Dabei werden **Motive** in der Psychologie als relativ stabile Persönlichkeitseigenschaften angesehen. Die entsprechenden Motive sind je nach Person verschieden hoch ausgeprägt. Typische Motive sind das Streben nach Macht, Unabhängigkeit, Wissen, Anerkennung, Zuneigung oder Genuss. Ob ein Motiv durch eine Situation angeregt wird, hängt stark von deren Aufforderungscharakter ab. Stellen Sie sich eine ältere Frau vor, die zittrig und verunsichert am Strassenrand steht. Die Situation besitzt einen ausgeprägten **Aufforderungscharakter** und wird ziemlich sicher Ihr prosoziales Motiv ansprechen. Das Motiv wird handlungswirksam und Sie werden der alten Frau zur Hilfe eilen. Diese eher theoretischen Überlegungen werden von Werbe- und Marketingexperten in die Praxis umgesetzt. Das Kreieren von Situationen mit hohem Aufforderungscharakter gehört zu ihrem täglichen Brot. Tatsächlich können Konsumenten diesen sanften Aufforderungen vielfach nicht widerstehen und lassen sich – meist unbewusst – zu unvorhergesehenen Käufen verleiten. Wer schon einmal im Supermarkt mit einem Einkaufskorb gestartet ist und dann auf einen Einkaufswagen umsatteln musste, kann davon ein Liedchen singen. Aus „Schatz, ich geh mal kurz Brot kaufen" wird eine Stunde später „Schatz, ich habe mal eben Brot, Schokolade, Wein, Chips und Shampoo gekauft". Auch bei der Einrichtung von Köbi Kummers Supermarkt dürften kluge Köpfe mit motivationspsychologischem Hintergrundwissen am Werk gewesen sein. Ähnlich wie in der Quartierstrasse, dienen auch im Supermarkt Hindernisse zur Verkehrsberuhigung. In diesem Fall liegt der erzwungenen Geschwindigkeitsreduktion kein Sicherheitsgedanke zugrunde, sondern eine einfache Konsumentenregel: Je langsamer der Kunde sich bewegt, desto länger ist er im Supermarkt und desto mehr kauft er. Auch Köbi Kummer bremst vor dem meterhohen Stapel mit Aktionsprodukten ab. Der nachfolgende Griff zur Familienpackung Ohrstäbchen dürfte stark mit dem Aktionsschild zusammenhängen. Diese Konfrontation ist ein Musterbeispiel für eine Situation mit einem hohen Aufforderungscharakter. Das Schild lähmt gewissermassen die Kommandozentrale in unserem Hirn. Es kommt beim Menschen zu einer Aktivierung des Sparmotivs. Der Griff zum Geldbeutel ist vorprogrammiert.

„Aus den Augen, aus dem Sinn" deuten Werbepsychologen als Umkehrschluss. Was in unser Blickfeld gerät, kommt uns in den Sinn. Dass Kummers Blick auf den edlen italienischen Tropfen fällt, ist kein Zufall. Supermärkte platzieren ihre Marken- und Luxusprodukte auf Augen- und Griffhöhe. Billigprodukte wie jener Wein, den Kummer von Lisbeth vorgesetzt bekommt, werden ganz unten – in der „Bückzone" – versteckt.

Den Verlockungen im Kassenbereich kann Köbi Kummer nicht widerstehen. Dort, wo alle Kunden durchgeschleust werden, platzieren die Supermärkte vor allem Waren, die unser Genussmotiv ansprechen. Die Umsetzung motivationspsychologischer Grundsätze erweist sich aus Sicht der Supermärkte als gewinnbringende Strategie. Einer Studie zufolge macht die „Quengelzone", wie der Kassenbereich augenzwinkernd genannt wird, nur 1.5 % der Ladenfläche aus, steuert aber 5 % des Gesamtumsatzes bei [1].

Während die obigen Beispiele eher negativ behaftet sind, lassen sich die gleichen Erkenntnisse auch positiv nutzen. Nimmt sich Kummer beispielsweise vor, nach der Arbeit laufen zu gehen, kann er vorgängig eine Situation mit einem hohen Aufforderungscharakter schaffen. So könnte er bereits am Morgen seine Joggingkleider, seine Laufschuhe und sein Getränk gleich bei der Eingangstüre deponieren. Dies dürfte eine starke Signalwirkung haben. Unmittelbar nachdem er die Wohnung betritt, wird er sich umziehen und sich somit aller Voraussicht nach auf seine Laufstrecke begeben. Liegen die Sachen nicht bereit, muss er sie erst noch in der Wohnung zusammensuchen. Dabei wird er anderen Verlockungen (TV, Kühlschrank, Couch, u.a.) begegnen. Gelingt es ihm nicht, diesen zu widerstehen und hat er sich einmal auf der Couch installiert, rücken seine Laufpläne plötzlich in weite Ferne.

3. MOTIVATION UND VOLITION

Köbi Kummer und der verstaubte König

Fett und aufgeblasen lag er da. Höher als alle anderen thronte er über dem Raum. Gewissermassen wie ein König, den zwar niemand mochte, der aber stets präsent war. Verächtlich blickte Köbi Kummer zu ihm hoch. Dann griff er mit beiden Händen nach ihm, hob ihn vom Regal runter und liess ihn krachend auf den Tisch fallen. Da lag er nun. Auf seinem Rücken stand in grossen schwarzen Buchstaben „Steuererklärung". Ein grauer Bundesordner, randvoll mit Belegen, Auszügen und Bescheinigungen, die auf der Seite rausquollen. Obwohl er die letzten drei Monate fast täglich Kummers Gedanken durchkreuzt hatte, war er unberührt geblieben und eine dünne Staubschicht bedeckte seine Oberseite. Mit einem Seufzer liess sich Kummer auf den Stuhl plumpsen und starrte mit leerem Blick auf den Ordner.

Widerwillig versteckten sich seine Hände unter dem Tisch. Nach einer gefühlten Ewigkeit richtete sich Kummer auf, schlug den Ordnerdeckel zur Seite und fing an, den Inhalt zu beackern.

Rund zwanzig Minuten später, Kummer hatte soeben rausgetüftelt, in welcher Spalte er die Schenkung seiner Grosstante einzutragen hatte, verspürte er ein leichtes Hungergefühl. Dem Blick in den Kühlschrank folgte die Ernüchterung. Lisbeths Fenchelpüree hätte sein Magen wohl als Beleidigung aufgefasst und Kummer entschied sich, kurz beim Quartierladen vorbeizuschauen. Eine Tüte Chips, einen Schwatz mit seinem Nachbarn Herrmann und einen Umweg zum Zigarettenautomaten später sass Kummer wieder am Tisch und grübelte über Pauschalabzüge für Berufskosten nach. Als er die Arztrechnung für seinen Skiunfall vor sich hatte, fiel ihm ein, dass seine Lieblingsmannschaft heute das wichtige Auswärtsspiel bestritt. Der Griff zur Fernbedienung liess nicht lange auf sich warten und mit Genugtuung las Kummer im Teletext vom Führungstor seiner Mannschaft. Danach entwickelte sein rechter Zeigefinger ein merkwürdiges Eigenleben und Kummer zappte sich flink von Sender zu Sender. Beim „Alten" blieb er hängen. Nicht nur der Hauptdarsteller, auch das Produktionsjahr waren alt. Spannender als das Ausfüllen der Steuererklärung schienen Kummer die Ermittlungen des Kommissars aber allemal.

Eine Stunde später nahm er den Kampf mit den Steuersätzen und -gesetzen wieder auf. Allmählich geriet er in Fahrt. Das Schrillen des Telefons kam dann aber einer Vollbremsung gleich. „Kummer, altes Haus", tönte es am anderen Ende der Leitung, „ein Bierchen in Ehren kannst Du nicht verwehren, oder?" Kummer wehrte sich, wenn auch nicht mit vollen Kräften. Der Hinweis auf die Steuererklärung fand bei seinem Studienfreund Max Krummenacher kein Gehör: „An so einem wunderschönen Frühlingstag willst Du die Steuererklärung ausfüllen, anstatt mit mir im Biergarten zu sitzen?" Das Pingpong der Argumente ging weiter, der Gewinner des Ballwechsels stand aber schon längst fest. Eine Stunde später sass Köbi Kummer vor einem kühlen Blonden und der fette, aufgeblasene König wieder auf seinem Thron.

Der Laie bringt den Fachbegriff **Motivation** meist in Zusammenhang mit einer grösseren oder bedeutenden Handlung. Spontan denkt man vielleicht an jemanden, der motiviert ist, eine Ausbildung zu absolvieren, eine Diät zu machen oder ein Trainingsprogramm zu befolgen. Der Motivationsbegriff ist jedoch breiter abgestützt. Psychologen zufolge ist Motivation die Grundlage für jede menschliche Aktivität. Dem Runtertragen des Mülls, dem Putzen der Zähne oder auch dem Lesen dieser Zeilen liegt eine Motivation zugrunde. Wenn Köbi Kummer nach dem grauen Bundesordner greift, dann ist er – zumindest wissenschaftlich gesprochen – motiviert, die Steuerklärung auszufüllen. Motivation zieht nicht zwingend eine Handlungsrealisation nach sich. Mit Blick auf Kummers Körpersprache tauchen bereits zu Beginn berechtigte Zweifel auf, ob er sein Vorhaben in die Tat umsetzen wird. Motivation beschreibt also nur das Streben nach Zielen oder Ergebnissen. Damit diese tatsächlich auch verwirklicht werden, braucht es die sogenannte **Volition**. Gemeint ist damit die Willenskraft, die nötig ist, um ein Vorhaben in die Tat umzusetzen. Setzt man die Motivation mit einem Motor gleich, so entspricht die Volition dem dazu nötigen Treibstoff oder Benzin. Im Stadium der Volition können Unlustgefühle oder Handlungsbarrieren überwunden werden. Menschen mit einer hohen Volition verfügen über eine ausgeprägte Selbstdisziplin und sind in der Lage, sich ausdauernd auf eine Aufgabe zu fokussieren. Bei Köbi Kummer ist dies nicht der Fall. Plötzlichen Impulsen (z.B. das leichte Hungergefühl), Ablenkungen (z.B. die Frage nach dem Zwischenstand beim Fussballspiel) oder Verlockungen (z.B. die Aussicht auf das kühle Blonde im Biergarten) kann er nicht widerstehen. Wer über eine hoch ausgeprägte Volition verfügt, packt auch schwierige oder unangenehme Aufgaben sofort an. Die Staubschicht auf dem Ordner deutet darauf hin, dass Köbi Kummer nicht zu diesem Verhaltensmuster tendiert. Kummer leidet an „Verschieberitis", wie Lehrer dieses Phänomen bei ihren Schülern augenzwinkernd bezeichnen.

Volition, oft auch als Umsetzungskompetenz bezeichnet, spielt gerade auch in der Berufswelt eine wichtige Rolle. Wissenschaftlichen Studien ist zu entnehmen, dass die Volition (und nicht die Motivation) für den beruflichen Erfolg ausschlaggebend ist [2]. Ohne Zweifel steht die Volition mit Persönlichkeitsmerkmalen in Zusammenhang. Gleichwohl ist sie auch erlernbar. Ein deutsches Forschungsteam unterteilt die Volition in Teilkompetenzen, die trainierbar sind [3]. Unter anderem gilt es, 1) unangenehme Dinge ohne Zögern zu erledigen, 2) die Energie bewusst auf klar formulierte Ziele zu lenken, 3) einen Plan zu machen und diesen systematisch abzuarbeiten und 4) seine Gefühle so zu beeinflussen, dass einem die Arbeit leichter fällt. Für Kummer könnte dies im Hinblick auf die kommende Steuererklärung folgendes bedeuten: 1) Sobald er alle Unterlagen beisammen hat, reserviert er sich einen verbindlichen Termin, den er sich zum Ausfüllen der Steuererklärung freihält. Je mehr er die Arbeit aufschiebt, desto mehr Überwindung wird es ihn kosten, sich daranzusetzen. 2) Damit er seine ganze Energie auf die Aufgabe lenken kann, müssen mögliche Ablenkungsquellen antizipiert und eliminiert werden (z.B. voller Kühlschrank, ausgeschaltetes Telefon, kein zeitgleiches, wichtiges Fussballspiel, etc.). 3) Kummer durchdenkt seine Arbeitsschritte im Vorfeld. In der ersten Nachmittagshälfte werden alle Belege und Dokumente geordnet und säuberlich auf einem grossen Tisch ausgelegt. Dann streicht er sich mit einem Leuchtstift in der Wegleitung jene Kapitel an, die ihn tangieren. Anschliessend macht Kummer draussen einen halbstündigen Spaziergang, ehe er dann in der zweiten Nachmittagshälfte die geforderten Kennzahlen in die Steuererklärung überträgt. 4) Um seine emotionale Verfassung zu verbessern, legt Kummer eine Belohnung fest, die er sich gönnt, sobald er die Arbeit erledigt hat. Beispielsweise plant er, in seinem Lieblingslokal einen Eisbecher essen zu gehen.

Wendet Kummer diesen 4-Punkte-Plan im Folgejahr an, wird der Spassfaktor beim Ausfüllen der Steuererklärung zwar weiterhin überschaubar bleiben. Die Wahrscheinlicht aber, dass es im Hause Kummer frühzeitig zu einem Thronsturz kommt, dürfte bedeutend höher ausfallen.

4. DIE THEORIE DER ZIELORIENTIERUNG

Köbi Kummer und die Laufgruppe

„Na Kummer, sind Sie morgen am Start?", wollte die Rothaarige aus der Personalabteilung wissen. Kummer sah hinter seinem Aktenberg hervor und setzte sein Fragezeichengesicht auf. Frau Dobler deutete seinen Ausdruck richtig und ergänzte: „Sie wissen schon, die Laufgruppe, von der ich neulich erzählt hatte." „Ach so, die Laufgruppe", erinnerte sich Köbi Kummer. Seine Stimme verriet, dass die Laufgruppe in seiner persönlichen Beliebtheitsskala wohl irgendwo zwischen Feierabendstau und Ausfüllen der Steuererklärung rangieren musste. Frau Dobler fuhr unbeirrt fort: „Jetzt geben Sie sich einen Ruck, Kummer! Wir treffen uns morgen um 12.15." Kummer brummte etwas von „eigentlich Essenszeit", doch Frau Dobler war auf ihrer Werbetour schon im nächsten Büro angelangt. Obwohl ihn die Idee anfänglich wenig begeisterte, konnte er ihr nach etwas Überlegung auch Positives abgewinnen. Vielleicht liess sich mit der Laufgruppe etwas gegen die überzähligen Pfunde machen, die er sich in den Wintermonaten angefuttert hatte. Diese schienen nicht nur dem Mann im Spiegel aufgefallen zu sein. Auch Lisbeth, seine Ehefrau, hatte ihn beim Neujahrsessen ziemlich vorwurfsvoll angeschaut, als er zum dritten Mal in Richtung Dessertbuffet losmarschiert war. Etwas wehmütig schlich er am Folgetag an der Kantine vorbei und als ihn das Schnitzel im Schaukasten anlachte, hätte er seine Laufpläne fast über den Haufen geworfen.

Die Mitglieder der Laufgruppe, eine bunt zusammengewürfelte Truppe, empfingen Kummer mit einer Mischung aus Freundlichkeit und Überraschung. Studer, der Zweimetermann aus der Marketingabteilung, klopfte ihm aufmunternd auf die Schulter und bemühte eine chinesische Weisheit herbei: „Auch der längste Weg beginnt mit einem ersten Schritt, Kummer!" Die anderen nickten und Studer setzte ein Gesicht auf, als hätte ihm Konfuzius höchstpersönlich vorgesprochen. Die Geste war nett gemeint, Kummer empfand sie jedoch als Hohn. Er, Kummer, bräuchte keine aufmunternden Worte und schon gar keine Tipps von diesem Kon-Fuzzi oder wie auch immer der Typ geheissen haben mag. Er würde es diesen Lauffreaks mit ihren engen Trainingshosen und den piepsenden Pulsuhren am Handgelenk noch zeigen. Als sich die Gruppe aufmachte, setzte er sich gleich an die Spitze. Ungewollt erinnerte Kummer an einen Hasen, sprich einen jener Tempomacher, die bei Leichtathletik-Veranstaltungen das Feld anführen. Wie ein gehetztes Tier blickte Kummer immer wieder zurück und stellte bald mit Genugtuung fest, dass er ein paar Mitglieder der Laufgruppe abgehängt hatte. Gleich wie der Tempomacher irgendwann aus dem Rennen scheidet, tat Kummer das auch. Während dieses Verhalten beim Hasen durchaus geplant ist, war es bei Kummer definitiv nicht Teil des Plans. Vornübergebeugt, die Hände auf den Oberschenkeln abgestützt, stand er am Wegrand. Den Blick zum Boden gerichtet, hörte er, wie die anderen plaudernd an ihm vorbeijoggten. Hätte seine Lunge nicht so laut gepfiffen, hätte er ihre Zurufe vielleicht sogar verstanden.

„... Sie wissen schon, die Laufgruppe", hörte Kummer aus dem Nachbarbüro und duckte sich wie ein Indianer. Als Frau Dobler den Kopf zur Türe reinstreckte, meinte sie hinter den riesigen Aktenbergen ein Rascheln gehört zu haben. „Hallo?" fragte sie mit gerunzelter Stirn. Und als es ruhig blieb: „Kummer, sind Sie da?"

„Das Vergleichen ist das Ende des Glücks und der Anfang der Unzufriedenheit", ist der dänische Schriftsteller Søren Kierkegaard überzeugt. Auch bei Köbi Kummer gewinnt man diesen Eindruck. Bei seinem Einstand in der Laufgruppe vergleicht er sich mit den anderen Teilnehmern. Es ist ihm wichtig, schneller als sie zu laufen. Motivationspsychologen sprechen in diesem Fall von einer **Wettbewerbsorientierung**. Der Fokus liegt auf dem Vergleich mit anderen. Ziel einer Handlung ist es, besser zu sein als andere oder mit weniger Aufwand gleich gut. Das Gegenstück zur Wettbewerbsorientierung bildet die **Aufgabenorientierung**. Hier steht der Vergleich mit sich selbst im Zentrum. Der individuelle Lernprozess rückt in den Vordergrund. Ziel ist es, persönliche Fortschritte zu tätigen. Wettbewerbs- und Aufgabenorientierung bilden die beiden Pfeiler der **Theorie der Zielorientierung** [4].

Diese gilt als eine der grundlegenden Motivationstheorien. Sie postuliert, dass Ziele als „Energiser" wirken und gewissermassen dem menschlichen

Handeln als Motor zugrunde liegen. Wissenschaftler haben den Einfluss der Zielorientierung in verschiedenen sportlichen Settings untersucht. Dabei schliessen sich Wettbewerbs- und Aufgabenorientierung nicht aus. Gerade im Leistungssport sollte ein Athlet sowohl wettbewerbs- wie auch aufgabenorientiert vorgehen. Im Gesundheits- und Breitensport dagegen kann eine Wettbewerbsorientierung kontraproduktiv sein. Menschen, die einseitig wettbewerbsorientiert sind, empfinden beim Sport weniger Spass, langweilen sich schneller, haben mehr Angst, Fehler zu begehen und geben nach einem Misserfolg schneller auf. Dieses Phänomen ist auch bei Köbi Kummer zu beobachten. Mit der wettbewerbsorientierten Brille auf ist das Projekt Laufgruppe gescheitert. Kummer ist wortwörtlich auf der Strecke geblieben, während die anderen an ihm vorbeizogen. Dies wird als Misserfolg taxiert. Misserfolge wiederum sind Gift für die Motivation. Kummer zeigt eine Woche später ein Vermeidungsverhalten und verkriecht sich hinter seinen Aktenbergen.

Insbesondere für Neueinsteiger scheint eine aufgabenorientierte Strategie sinnvoll. Mit Blick auf seinen Trainingszustand hätte sich Kummer ein persönliches Ziel setzen sollen, das unabhängig von den anderen Läufern Bestand hat. Mit Hilfe einer Pulsuhr hätte er beispielsweise im Vorfeld festlegen können, dass er die Laufstrecke mit einem Puls zwischen 120 und 140 absolviert. Übersteigt sein Puls 140 Schläge, reduziert er das Tempo, bis sein Puls wieder im Zielbereich liegt. Anfänglich wird er vermutlich Teile der Strecke marschieren müssen. Nach ein paar Wochen dürfte er aber in der Lage sein, die ganze Strecke zu joggen, ohne dass sein Puls 140 Schläge überschreitet. Er nimmt wahr, wie sich sein Trainingszustand verbessert. Dies wiederum motiviert ihn, regelmässig am Lauftreff teilzunehmen.

5. DAS RISIKOWAHLMODELL

Köbi Kummer und das Schneckenhaus

Lena griff Köbi Kummer zwischen die Beine und zog zweimal kräftig. Dann löste sie ihren festen Griff und stellte zufrieden fest, dass alles am richtigen Platz sei. Sie blickte Kummer ernst an und betonte: „Die Klettergurte müssen sitzen, sonst wird's nachher gefährlich!" Kummer schien ab diesem Sicherheitscheck sichtlich verwirrt und stammelte: „Ja, Frau Renner, ich meine Lena ... das sitzt ... ich meine die Gurte sitzen." Frau Renner – oder eben Lena – war Kletterinstruktorin. In einem Halbkreis standen Kummer und seine Arbeitskollegen um sie herum und folgten ihren Instruktionen. Sie tat dies routiniert und schien sich in dieser Rolle wohlzufühlen. Kummer hingegen fühlte sich gar nicht wohl. Mit nassgeschwitzten Händen nestelte er nervös an seinem Klettergurt herum.

Kummers bisherige Aktivitäten in der Vertikalen beschränkten sich darauf, auf einen Tisch zu steigen und eine Glühbirne zu wechseln. Das Klettern überliess er Gemsen, Steinböcken und anderen Vierbeinern. Und den Aktienkursen. Wobei diese in letzter Zeit eher gefallen waren und Kummer vermutlich unbewusst befürchtete, dass ihn in der Kletterwand das gleiche Schicksal ereilen könnte. Gleichwohl mochte Kummer nicht über Sinn und Unsinn der bevorstehenden Aktion nachdenken. „Einstieg zum Aufstieg" lautete das Motto des Firmenausflugs und der Manitu höchstpersönlich – so nannten Kummer und seine Kollegen hinter vorgehaltener Hand ihren Chef, Herrn Steiger – hatte zu diesem Event eingeladen. Steiger duldete keinen Widerspruch. Von ihm beglaubigte Verhinderungsgründe beschränkten sich auf Todesfälle in der Familie und Körpertemperaturen jenseits der Vierzig-Grad-Grenze. Kummers Verwandte waren putzmunter und Kummer selbst fühlte sich zwar krank, war es aber nicht.

So kam es, dass er wenig später zum ersten Mal in seinem Leben an einem Kletterseil zappelte. Los gings mit einer Kletterroute der Schwierigkeitsstufe vier. „Vier", meinte Lena belehrend, „entspricht einer Anfängerroute mit geringer Schwierigkeit". Vier, schätzte Kummer, betrug auch das Alter des Knirpses, der ihn soeben links überholt hatte. Tatsächlich, die Route war ein Kinderspiel, sogar für Kummer. Gleichwohl blieb er seiner Routenwahl treu. Während seine Kollegen sich an immer schwierigere Aufgaben heranwagten, setzte Kummer auf die Vier. Lena sah dem Treiben eine Weile zu und intervenierte dann: „Kummer, probieren Sie doch mal eine Fünf! Das liegt drin!" Kummer zierte sich. Als er sein Schneckenhaus endlich verlassen hatte, wählte er eine Route mit Schwierigkeitsstufe sieben. Lena schüttelte ungläubig den Kopf. Für Kummer war die Sechs im Lotto wahrscheinlicher als die Sieben in der Kletterwand. Kummer baute sich vor der Wand auf, griff zum Magnesium und rieb sich damit die Hände ein. Dann krallte er sich in der Wand fest und versuchte, sich mit aller Kraft am ersten Klettergriff hochzuziehen. Kummer presste die Lippen zusammen und machte ein Gesicht wie die Gewichtheber im Fernsehen. Zentimeter für Zentimeter angelte er sich empor bis er mit der Nase auf Höhe des Klettergriffs war. Als er die Hand nach dem zweiten Griff ausstreckte, liessen ihn seine Kräfte im Stich. Er rutschte ab und landete nach einer geschätzten Fallhöhe von 40 cm wieder auf dem Boden. Dieses Schauspiel wiederholte sich ein paar Mal. Wenig später verkroch sich Kummer wieder in sein Schneckenhaus. Den Schluss der Veranstaltung hätte er beinahe verpasst. Die Horde Vierjähriger, welche ihn in der Kletterwand umzingelte, veranstaltete einen derartigen Krach, dass er Lenas Aufforderung, zum Treffpunkt zu kommen, glatt überhört hatte.

Das **Risikowahlmodell** kategorisiert Personen nach ihrer Herangehensweise beim Aufgabenlösen [5]. Dabei wird zwischen erfolgszuversichtlichen und misserfolgsängstlichen Menschen unterschieden. **Erfolgszuversichtliche** suchen sich in der Regel mittelschwere Aufgaben aus, bei denen Gelingen und Misslingen möglich ist. Sie erhalten so ein Feedback bezüglich ihrer Leistungsfähigkeit und ihre Tüchtigkeit kann bewertet werden. **Misserfolgsängstliche** versuchen – wie der Name nahelegt – in erster Linie den Misserfolg zu verhindern. Deshalb wählen sie vor allem Aufgaben aus, die sehr einfach oder sehr schwer (oftmals gar zu schwer) sind. Misserfolge bei sehr einfachen Aufgaben sind kaum möglich, Misserfolge bei sehr schweren Aufgaben werden nicht als solche interpretiert, da die Erfolgswahrscheinlichkeit ohnehin nur verschwindend klein war. Köbi Kummer legt beim Klettern ein misserfolgsängstliches Verhalten an den Tag. Er wählt entweder zu einfache (Schwierigkeitsstufe 4) oder zu schwere Routen (Schwierigkeitsstufe 7) und lässt so keinem seiner Kollegen einen Rückschluss auf seine tatsächlich vorhandenen Fähigkeiten zu. Vermutlich entscheidet er sich in der Kletterhalle für diese Strategie, da er sich seiner limitierten Fähigkeiten bewusst ist und nicht schlecht dastehen möchte. Wenn er das nur in der Kletterhalle so macht, ist dies nicht weiter problematisch. Heikel wird es bei Personen, die dauerhaft und situationsübergreifend ein misserfolgsängstliches Verhalten an den Tag legen. Menschen mit dieser Motivationstendenz meiden Leistungssituationen. Oftmals sind aber genau diese Situationen für ein berufliches, schulisches oder sportliches Weiterkommen wichtig.

Geraten misserfolgsängstliche Personen in Drucksituationen, versagen sie häufig. Vermutlich, weil sie den Umgang mit Druck weniger gewohnt sind als erfolgszuversichtliche Menschen, die solche Situationen bewusst aufsuchen. Des Weiteren haben sie eine negative Affektbilanz. Das heisst, sie nehmen positive Gefühle wie Freude oder Stolz, die Erfolgszuversichtliche beim Lösen einer mittelschweren Aufgabe erleben, weniger wahr. Stattdessen fürchten sie die Gefahr des Scheiterns oder das Auftreten von Scham bei Misserfolgen. Diese emotional ungünstige Konstellation mindert ihre Motivation für zukünftige Aufgaben.

Wissenschaftliche Studien dokumentieren einen Zusammenhang zwischen Leistungsstärke und Motivationstendenz bei Schülern [6]. Demnach tendieren leistungsstarke Schüler eher zu erfolgszuversichtlichem Verhalten, während leistungsschwache eher zu misserfolgsängstlichem Verhalten neigen.

Welche Motivationstendenz jemand an den Tag legt, hängt von verschiedenen Faktoren ab. Zweifelsohne scheint das Umfeld eine wichtige Rolle zu spielen. Prägend dürften erzieherische Einflüsse sein. Wer als Kind von den Eltern vermittelt bekommt, dass es Fehler um jeden Preis zu vermeiden gilt, wird später mit hoher Wahrscheinlichkeit ein misserfolgsängstliches Verhalten zeigen. Nebst den Eltern müssen auch Lehrer, Trainer oder Vorgesetzte klar kommunizieren, dass Fehler Teil des Lernprozesses sind. Auf diese Weise wirken sie einer übertriebenen Angst vor Misserfolgen entgegen, unterstützen eine erfolgszuversichtliche Herangehensweise und stärken die Motivation ihrer Schüler, Athleten oder Mitarbeiter.

6. DER PYGMALIONEFFEKT

Köbi Kummer, Peter Willimann und Willi Petermann

Unablässig schlugen Unter- und Oberkiefer aufeinander und zermalmten den Kaugummi mit kräftigen Bewegungen. Von Zeit zu Zeit wurde der Kaugummi in Stellung gebracht und aufgeblasen, bis das Gesicht halb verdeckt war. Köbi Kummers Blick blieb an der rosaroten Kugel hängen und dann – als diese mit einem lauten Knallgeräusch geplatzt war – an deren Verursacher. Argwöhnisch musterte er die langen, fettigen Haare, das Stoppelbärtchen und die Metallstäbchen, die sich wie kleine Speerspitzen durch Nase, Mund und Augenbrauen bohrten. Kummer wandte sich dem anderen Burschen zu, der ihm schräg gegenüber sass: Kurze Haare, glattrasiert, blank polierte Schuhe und ein gestärktes Hemd. „Na also", ging es Kummer durch den Kopf, „es gibt also doch noch Hoffnung für die Jugend". In diesem Moment riss Herr Steiger die Türe auf. „Treten Sie ein, meine Herren", sprach der Chef und machte dabei eine einladende Handbewegung. Verunsichert nahm das ungleiche Dreiergrüppchen auf den Stühlen Platz. Herr Steiger ergriff das Wort: „Kummer, ich möchte Ihnen gerne unsere beiden neuen Praktikanten vorstellen: Peter Willimann und Willi Petermann." „Kein Praktikum ohne Praktikumsbetreuer", fuhr Steiger fort, „und genau da kommen Sie, mein lieber Herr Kummer, ins Spiel. Ab jetzt haben Sie die Verantwortung für die beiden." Das letzte Mal, als Kummer diesen Ausspruch gehört hatte, war vor Lisbeths zweiwöchiger Kulturreise mit dem Turnverein gewesen. Lisbeth hatte ihm soeben erklärt, wann und wie viel Wasser ihre beiden Zierpflanzen brauchten. Dass Lisbeths Kulturreise zur gleichen Zeit angesetzt war wie die Fussball-WM, war gut für Kummer und schlecht für die Zierpflanzen. Kurzum, die hektischen Wiederbelebungsmassnahmen einen Tag vor Lisbeths Rückkehr vermochten die ausgedörrten Pflanzen nicht zu retten und liessen berechtigten Zweifel an Kummers Fähigkeit zur Verantwortungsübernahme aufkommen. Kummer verdrängte die Zierpflanzenepisode und nickte seinem Chef zu. Als er das Büro verlassen wollte, nahm ihn sein Chef zur Seite und drückte ihm zwei Papiere in die Hand. „Sehen Sie sich mal die Zeugnisse an. Die beiden sind ziemlich unterschiedlich." Steiger deutete auf das eine Zeugnis und fuhr fort: „Seine Schulnoten sind ..." er rang nach Worten, „.... unterirdisch, einfach unterirdisch. Wie dem auch sei, sein Vater ist ein alter Studienfreund von mir und darum habe ich mich entschlossen, ihm einen Praktikumsplatz zu geben." Dass der ungepflegte Typ von eben in der Schule keine Glanznoten schrieb, überraschte Kummer nicht. Gleichwohl kümmerte er sich die nächsten sechs Monate um Petermann. Er beorderte ihn in die Postabteilung und liess ihn Prospekte falzen, Umschläge beschriften und Briefe zukleben. Petermann machte seinen Job gut, ausser das eine Mal, als eine

Einladung für Steigers Geburtstagsapéro versehentlich nach Benin statt nach Berlin geschickt wurde. Das unentschuldigte Fernbleiben eines langjährigen Verwaltungsrats sorgte für Irritation in der Chefetage und Kummer musste – als die Schuldfrage schliesslich geklärt war – bei Herrn Steiger antraben. Das Donnerwetter, das sich über Kummer entlud, war ein laues Lüftchen, verglichen mit dem, was Petermann von Kummer zu hören bekam. Kummers Tirade gipfelte in der Bemerkung, dass ihn die Aktion gar nicht überrasche und er im Grunde ja nichts anderes erwartet hatte.

Anders verhielt es sich mit Willimann, dem zweiten Praktikanten. Kummer mochte ihn und band ihn sofort in konzeptuelle Arbeiten ein. Er nahm ihn zu den Teamsitzungen mit und übertrug ihm schliesslich gar ein eigenes kleines Projekt. Die gemeinsame Projektpräsentation lief wie am Schnürchen. Kummer nahm den jungen Mann väterlich in den Arm und war des Lobes voll: „Ich wusste von Beginn an, dass Sie es drauf haben!"

„Sie Teufelskerl, Kummer! Wie haben Sie das gemacht?" Kummer sah seinen Chef ungläubig an und wusste beim besten Willen nicht, auf was dieser hinauswollte. „Ich habe soeben mit meinem Studienfreund telefoniert. Sein Sohn habe sich in den letzten paar Monaten dermassen stark gewandelt, er sei nicht wiederzuerkennen. Und in der Schule schreibe er nun Sechser am Laufmeter!" Kummer verstand immer noch nicht. „Sie wissen schon, Willimann!" insistierte Steiger. Peter Willimann, Willi Petermann. Allmählich dämmerte es Kummer. Er hatte die beiden Praktikanten von Beginn weg verwechselt. Nicht Willimann, der Glattrasierte mit den blank polierten Schuhen, war der Musterschüler gewesen, sondern Petermann, der Langhaarige mit dem Stoppelbart und den Piercings.

In den Sechzigerjahren führte der amerikanische Psychologe Robert Rosenthal ein legendäres Experiment mit Ratten durch [7]. Psychologiestudenten wurden nach dem Zufallsprinzip Ratten zugewiesen. Der Hälfte der Studenten wurde gesagt, es handle sich bei ihren Ratten um aussergewöhnlich kluge Exemplare. Die andere Hälfte liess man glauben, ihre Tiere seien unterdurchschnittlich intelligent. An den Folgetagen sollten die Ratten lernen, in einem Labyrinth den Weg zum Futter zu finden. Messungen über fünf Tage ergaben, dass die angeblich klugen Ratten im Mittel weniger Zeit brauchten, um sich im Labyrinth zurecht zu finden. Rosenthal vermutete, dass die Studenten im Umgang mit den angeblich klugen Ratten liebevoller waren und sich mehr Mühe gaben.

Um zu prüfen, ob sich die Ergebnisse aus dem Tierexperiment auch auf den Menschen übertragen liessen, führte Rosenthal mit Kindern Intelligenztests durch [8]. Bei zufällig ausgewählten Kindern liess er ihre Lehrer wissen, es handle sich bei ihnen um sogenannte „Bloomers", sprich Kinder, bei denen im nächsten Jahr ein starker Intelligenzschub zu erwarten sei. Ein Jahr später schnitten diese Kinder in den Intelligenztests tatsächlich besser ab als die Kontrollgruppe. Im Sinne einer **sich selbst erfüllenden Prophezeiung** ging Rosenthal davon aus, dass die Erwartungshaltungen der Lehrer ihren Umgang mit den Schülern und damit die Motivation und Leistungen der Kinder massgeblich beeinflusst hatten. Dieses Phänomen wird heutzutage als **Rosenthal-Effekt** bezeichnet oder – in Anlehnung an eine griechische Sage – **Pygmalioneffekt**. Der Legende nach war Pygmalion ein einsamer griechischer Bildhauer, der sich in seine Statue Galatea verliebt hatte. Auf sein Flehen hin erhört ihn die Liebesgöttin Aphrodite und haucht der Statue Leben ein. Galatea erwidert Pygmalions Liebe und die beiden heiraten.

Interessiert an den zugrundeliegenden Wirkmechanismen führte Rosenthal mit den beteiligten Lehrern Gespräche und wertete Lektionsprotokolle aus. Basierend auf seinen Erkenntnissen formulierte er die **4-Faktoren-Theorie** [9]. Demnach erzeugen Lehrer bei Schülern, von denen sie hohe Leistungen erwarten, einen positiven Pygmalioneffekt, indem sie 1) ihnen konstruktivere und häufigere Leistungsrückmeldungen geben, 2) sie öfters mit forderndem Lernstoff eindecken und ihnen anspruchsvollere Aufgaben stellen, 3) sie mehr mitwirken und mitbestimmen lassen und 4) ihnen gegenüber emotional aufgeschlossener und freundlicher sind.

Der Pygmalioneffekt lässt sich nicht nur in der Schule beobachten, sondern auch in betrieblichen Settings. Auch Köbi Kummers Verhalten unterliegt dem Pygmalioneffekt. Typische Voraussetzungen, die in der Fachliteratur genannt werden, sind dabei zu erkennen, namentlich das Vorwissen (das vermeintlich gute Zeugnis von Willimann) und das Vorhandensein von Vorurteilen und/oder Stereotypen (dass ein gepflegtes Äusseres mit einer positiven Arbeitseinstellung einhergeht) beeinflussen Kummers Erwartungshaltung und steuern sein Verhalten. Die dargestellten Wirkmechanismen lassen sich auch bei ihm finden. Den Glauben an Willimann bringt er zum Ausdruck, indem er ihm verantwortungsvolle Aufgaben überträgt. Dies, gekoppelt mit den positiven Rückmeldungen und der menschlichen Nähe, dürfte Willimann motiviert und zur Leistungssteigerung animiert haben.

Gerade das Wissen um negative Pygmalioneffekte ist für Lehrer, Trainer, Vorgesetzte, aber auch für Eltern wichtig. Legen diese eine niedrige Erwartungshaltung an den Tag, steigt die Wahrscheinlichkeit, dass die Leistung ihrer Schüler, Athleten, Mitarbeiter oder Kinder abnimmt. Dabei geht es nicht in erster Linie um die negative Erwartungshaltung, sondern viel mehr, wie diese (häufig unbewusst) zum Ausdruck gebracht wird. Psychologen betonen dabei die Wichtigkeit nonverbaler Signale. Analysen der Körpersprache zeigen, dass Lehrer mit Schülern, denen sie wenig zutrauen, weniger Blickkontakt aufbauen. Zudem wenden sie sich mehr von ihnen ab und schenken ihnen generell weniger Beachtung. Um negative Pygmalioneffekte zu verhindern und um die Motivation aller Beteiligten hochzuhalten, gilt es 1) alle gleichermassen zu beachten, 2) Lob gleichmässig zu erteilen, 3) häufig zu lächeln, 4) gerade auch schwächere Schüler, Athleten oder Mitarbeiter zu ermutigen und 5) Lernenden ein Feedback bezüglich ihrer Leistung und nicht bezüglich des Resultats zu geben.

7. DIE THEORIE DER ERLERNTEN HILFLOSIGKEIT

Köbi Kummer und das Rauchzeichen

Köbi Kummer legte die Schere beiseite und schaute triumphierend in die Runde. Vor ihm auf dem Tisch lagen seine enthaupteten Opfer. Mit energischen Schnitten hatte Kummer sie kopflos und damit wertlos gemacht. Järmann blickte Kummer forsch an und meinte: „Mit dem Zerschnippeln von Zigaretten ist's aber noch nicht getan!" Kummer wusste es. Nur zu oft hatte er in den vergangenen Jahren versucht, mit dem Rauchen aufzuhören. Mal um mal lösten sich Anfangseuphorie und guter Wille buchstäblich in Rauch auf.

Diesmal sollte es anders werden. Das neue Jahr war noch keine zwei Stunden alt, als Kummer mit seiner Scherennummer kurzzeitig zum Mittelpunkt der Silvesterparty wurde. Dieser Aktion vorangegangen war eine heftige Diskussion mit seinem Schwager Järmann. Kummer begab sich aufs Glatteis und argumentierte, er sei doch nur gelegentlicher Genussraucher, besser gesagt gewohnheitlicher Gelegenheitsraucher, manchmal ja, vielleicht geniessender Gewohnheitsraucher. Järmann, überzeugter Tabakgegner, fiel ihm ins Wort: „Nichtraucher!" Und dann mit Nachdruck: „Nichtraucher, sollst Du werden, Kummer!" Järmann hatte recht, Nichtraucher wollte und sollte er werden. Bloss, der spontan gefasste Neujahrsvorsatz stand auf wackligen Beinen, wie sich in den nächsten Tagen herausstellte. In der Mittagspause juckte es Kummer mächtig in den Fingern und beim abendlichen Kinobesuch stiess er einen lauten Seufzer aus, als sich die Cowboys am Lagerfeuer eine Kippe anzündeten.

Am 6. Januar biss Kummer auf Hartes. „Als König hast Du einen Wunsch frei!" zwinkerte seine Ehefrau Lisbeth. Tatsächlich hatte Kummer zu diesem Zeitpunkt nur einen Wunsch offen. Er nahm Lisbeths halbernst gemeinte Aussage ernst und eilte zum Kiosk. Als er wenig später genüsslich an einer Zigarette zog, fühlte er sich wie ein wahrer König.

359 Tage später prallte er wieder auf Järmann. Irgendwann zwischen dem kollektiven Jammern über die Niederlagenserie des heimischen Fussballvereins und dem Update betreffend Grosstantes Hüftoperation sprach Järmann Kummer auf dessen Rauchgewohnheiten an. Kummer winkte ab: „Ich pack' das nie. Ich bin ein Mensch ohne Disziplin", seufzte er und kramte, wie zur Bestätigung, in seiner Jackentasche nach einer Zigarette. Kummer verspürte wenig Lust, mit Järmann über das Rauchen zu diskutieren. Er wechselte das Thema und kurz darauf den Gesprächspartner.

„Vorsätze sind wie Aale: leicht zu fassen, aber schwer zu halten", ist der deutsche Top-Manager Klaus Müller überzeugt. Diese Erfahrung macht auch Köbi Kummer bei seinem wiederholten Anlauf, mit dem Rauchen aufzuhören. Die **Theorie der erlernten Hilflosigkeit** erklärt, warum dem so ist [10]. Deren Begründer, der Psychologe Martin Seligman, führte in den 1960er-Jahren Experimente mit Hunden durch [11]. In einer ersten Phase verpasste er einer Hundegruppe kurze elektrische Schocks, die sie durch Drehen an einem Rädchen verhindern konnten. Mit der Zeit lernten die Hunde, sofort nach Beginn des Schocks diese Reaktion zu zeigen. Eine zweite Hundegruppe erhielt ebenfalls elektrische Schocks. Im Gegensatz zur ersten Gruppe konnten diese Hunde nichts dagegen unternehmen. Ihr Verhalten hatte keinen Einfluss auf die Schocks. In einer zweiten Phase kamen alle Hunde in eine sogenannte Shuttle-Box. Diese bestand aus zwei Abteilen, welche über einen Durchgang miteinander verbunden waren. Abwechslungsweise wurde in den Abteilen elektrische Schocks erzeugt. Durch vorgängiges Wechseln der Abteile konnten die Versuchstiere die Schocks vermeiden. Die Hunde, welche in der ersten Phase mit ihrem Verhalten den Schock beenden konnten, lernten schnell, ihm in der Shuttle-Box zu entgehen. Jene Tiere jedoch, die zuvor unabhängig von ihrem Verhalten Elektroschocks erhalten hatten, lernten dieses Vermeidungsverhalten nicht oder nur sehr langsam. Oftmals blieben diese Hunde lethargisch in ihrem Abteil liegen und liessen die Schocks über sich ergehen. Gemäss Seligman lernen Individuen, hilflos zu sein, wenn sie merken, dass ihr Verhalten keinerlei Konsequenz auf die Umwelt hat. Die Befunde aus den Tierexperimenten lassen sich auch auf den Menschen übertragen. Beispielsweise wurden Kinder in einem Vorversuch durch unlösbare Denkaufgaben hilflos gemacht [12]. Im eigentlichen Test, der dann lösbare Denkaufgaben beinhaltete, schnitten diese Kinder deutlich schlechter ab als Kinder der Kontrollgruppe ohne Hilflosigkeitsbedingung.

Erlernte Hilflosigkeit lässt sich auch im Alltag beobachten. Ob sich ein Mensch hilflos fühlt, scheint stark von seinem Bewertungsmuster abzuhängen. Welche Faktoren macht jemand für seinen Misserfolg verantwortlich? Diese Ursachenzuschreibung bezeichnen Psychologen als Attributionsstil. „Ich pack das nie. Ich bin ein Mensch ohne Disziplin“, argumentiert Köbi Kummer und legt damit ein ungünstiges Attributionsmuster an den Tag. Er neigt zur Verallgemeinerung **(global)**, ist überzeugt, dass sein Verhalten immer so sein wird **(stabil)** und führt das Problem auf ein Persönlichkeitsdefizit zurück **(internal)**. Werden Misserfolge global, stabil und internal attribuiert, so ist das Gift für die Motivation. Entsprechend meidet Köbi Kummer die Diskussion mit Järmann und ist nicht gewillt, sich mit einem erneuten Rauchstopp auseinanderzusetzen.

Um sich neu zu motivieren, muss Köbi Kummer seinen Attributionsstil ändern. Er kann sich sagen: „Bei meinen letzten Versuchen, mit dem Rauchen aufzuhören, fehlte mir die Disziplin und ich habe wohl nicht alles richtig gemacht.“ Damit deutet er an, dass sein Handeln, nicht aber seine Persönlichkeit, das Problem war. Ein kleiner aber feiner Unterschied. Des Weiteren ist diese Ursachenzuschreibung zeitlich beschränkt und nicht verallgemeinernd. Die fehlende Disziplin bezieht sich also nur auf das Rauchen und auf die bisherigen Versuche. Im Sinne eines Umkehrschlusses kann sich Köbi Kummer nun andere Lebensbereiche überlegen, in denen er eine hohe Disziplin aufweist. Was macht er dort besser? Legt er allenfalls Verhaltensweisen an den Tag, die ihm das Aufhören mit dem Rauchen erleichtern könnten? Zudem ist es ihm in der Vergangenheit immer wieder gelungen, sich das Rauchen abzugewöhnen. Welche Strategien hat er in den rauchfreien Phasen angewendet? Gibt es eine Möglichkeit, diese Strategien aufzugreifen und zu optimieren, damit ein endgültiger Rauchstopp Tatsache wird?

„Mit dem Rauchen aufzuhören, ist kinderleicht. Ich habe es schon hundertmal geschafft“, soll der amerikanische Schriftsteller Mark Twain augenzwinkernd gesagt haben. Tatsächlich stellt die Raucherentwöhnung für viele Menschen eine hohe Hürde dar. Wiederholtes Scheitern führt im Sinne der erlernten Hilflosigkeit dazu, dass der Betreffende resigniert und den Glauben an sich verliert. Vergleichbare Reaktionen finden sich bei Personen, die trotz unzähliger Diätversuche ihr Körpergewicht nicht senken können.

Um sich neu und vor allem dauerhaft zu motivieren, ist die beschriebene Anpassung des Attributionsstils ein wichtiger Ausgangspunkt. Damit die gewünschte Verhaltensänderung Realität wird, müssen aber auch andere motivationale Techniken in Betracht gezogen werden. Die soziale Unterstützung von anderen Personen oder der Umgang mit kritischen Situationen dürften bei der Raucherentwöhnung eine wichtige Rolle spielen.

8. DIE FOOT-IN-THE-DOOR-TECHNIK

Köbi KUMMER und der glückliche Buntspecht

Es wehte ein laues Lüftchen, die Bäume raschelten und die Vögel zwitscherten. Köbi Kummer legte den Kopf in den Nacken und gab einen gurrenden Zufriedenheitslaut von sich. Diese Mittagspause war ganz nach seinem Geschmack. Gedanklich trieb sein Büro gerade auf einer Eisscholle im arktischen Meer. Ein weit entfernter Ort, den man weder betreten konnte noch wollte. Gerade als er vom Dösmodus in den Schlafmodus zu kippen schien, meldete sich seine Bürokollegin Frau Dobler zu Wort: „Na Kummer, sind Sie auch ein Vogelfreund?" Kummer richtete sich auf und sah Frau Dobler so an, als hätte sie ihn eben nach der Hauptstadt von Papua-Neuguinea gefragt. Vögel? Die waren für ihn einfach da. So wie der Kulturteil in seiner Morgenzeitung oder das Regal mit den veganen Produkten im Supermarkt. Alltagserscheinungen, denen Kummer in der Regel weder Zeit noch Gedanken schenkte. „Nun ja" stockte Kummer, „Freund, ich weiss nicht ... hhm, ja doch, ich mag Vögel." „Ein richtiger Naturliebhaber!" beeilte sich Frau Dobler zu sagen. Kummers Blick schweifte hoch zu den Baumwipfeln und er erinnerte sich an die unbeschwerten Nachmittage bei den Pfadfindern. „Ja, ich bin ein Naturliebhaber", stellte Kummer fest und es schwang ob dieser plötzlichen Selbsterkenntnis etwas Überraschung in seiner Stimme mit. „Wenn dem so ist", griff Frau Dobler seine Worte auf, „sind Sie sicher bereit, diese Petition zur Wiederansiedlung des Bibers im Talweiher zu unterschreiben." Im Stile eines Cowboys zückte sie Unterschriftenbögen und Kugelschreiber und hielt sie Kummer unter die Nase. Kummer, der Neo-Naturliebhaber, unterschrieb.

Eine Woche später fing ihn Frau Dobler bei der Kaffeemaschine ab. „Kummer, gut, dass ich Sie treffe. Ich mach gerade einen Spendenaufruf für unseren Tierverein. Sie haben doch ein grosses Herz für Tiere und darum wollte ich Sie fragen, ob Sie sich nicht mit einem kleinen Betrag beteiligen könnten?" Kummer sass in der Falle und er wusste es. Er machte eine Kopfbewegung, die man mit etwas Fantasie als Zustimmung deuten konnte. Frau Dobler strahlte und fuhr fort: „Mit nur 250 Franken könnte man fünf gedeckte Brutplätze für den heimischen Buntspecht schaffen!" Bei der Nennung des Frankenbetrags zuckte Kummer derart stark zusammen, dass er die Hälfte seines Kaffees verschüttete. Er fluchte und machte dieses Mal eine Kopfbewegung, deren Deutung keinen Spielraum für Fantasie liess. Frau Dobler beschwichtigte ihn sogleich und kurz darauf wechselte eine grüne Note ihren Besitzer. Frau Dobler und ein heimischer Buntspecht freuten sich.

Frau Dobler ist eine grossartige Motivationskünstlerin, oder treffender formuliert, Manipulationskünstlerin. Bewusst oder unbewusst bedient sie sich zweier Techniken, die zu den Klassikern der Verkaufs- und Werbepsychologie gehören. Die **Foot-in-the-door-Technik** trägt ihren Namen in Anlehnung an die kommunikativen Geschicke der Vertreter, die an der Haustüre klingeln. Zuerst bittet man jemanden um einen einfachen Gefallen, um dann – mit dem Fuss in der Türe – mit der wahren Forderung herauszurücken. Frau Dobler geht genau so vor und platziert ihre Spendenanfrage erst als Köbi Kummer die Petition schon unterschrieben hat. Experimentell wiesen Psychologen die Gültigkeit der Foot-in-the-door-Technik in den Sechzigerjahren nach [13]. Dabei baten sie kalifornische Hausfrauen, eine Petition für defensives Fahren zu unterschreiben. Die gleichen Frauen sowie eine vorher nicht kontaktierte Frauengruppe wurden zwei Wochen später gefragt, ob sie ein grosses Reklameschild für defensives Fahren in ihrem Garten aufstellen würden. Die Zustimmung in der Petitionsgruppe fiel dreimal höher aus als in der Kontrollgruppe.

Der Erfolg der Foot-in-the-door-Technik lässt sich mit der **Theorie der kognitiven Dissonanz** erklären [14]. Diese gründet auf dem menschlichen Bedürfnis, konsistent zu sein. Merkt jemand, dass sein Verhalten nicht mit seinen Einstellungen, Gedanken und Zielen übereinstimmt, entsteht für ihn ein Zustand psychologischer Anspannung. Diese sogenannte kognitive Dissonanz versucht der Mensch zu vermeiden. In der vorhergehenden Episode nimmt sich Köbi Kummer als Naturliebhaber wahr. Würde er sich nun dem Spendenaufruf widersetzen, entstünde für ihn ein Zustand kognitiver Dissonanz.

Mit der **Door-in-the-face-Technik** greift Frau Dobler ein zweites Mal in die Trickkiste [15]. Wer jemanden um einen unverschämt hohen Gefallen bittet (250 Franken als Spende), muss zwar mit einer Absage rechnen, kann sich aber bei einer nachfolgenden moderaten Bitte (50 Franken) gute Chancen ausrechnen. Psychologen deuten dieses Phänomen mit dem Prinzip der Gegenseitigkeit, das dem menschlichen Handeln zugrunde liegt. Befragte empfinden die zweite kleinere Bitte als ein Zugeständnis und verspüren einen Druck, dem Bittsteller auch entgegenzukommen. Experimentelle Studien belegen den Erfolg der Door-in-the-face-Technik [15]. Amerikanische Psychologen fragten eine Gruppe von Versuchsteilnehmern, ob sie bereit wären, Jugendliche einmalig in den Zoo zu begleiten. Nur 17 % willigten ein. Von einer zweiten Gruppe wollte man wissen, ob sie sich vorstellen könnten, zwei Stunden wöchentlich in einem Jugendzentrum zu arbeiten. Erwartungsgemäss fiel die Zustimmung sehr gering aus. Die Folgefrage, ob sie bereit wären, Jugendliche einmalig in den Zoo zu begleiten, bejahten in dieser Gruppe dreimal so viele Versuchsteilnehmer wie in der Vergleichsgruppe.

Natürlich haben die Foot-in-the-door-Technik und die Door-in-the-face-Technik einen manipulativen Charakter. Wenig überraschend werden sie deshalb vor allem mit Verkaufssituationen in Zusammenhang gebracht. Gleichwohl lassen sich die dargestellten Befunde auch auf andere Lebensbereiche übertragen. In einem pädagogischen Setting kann die Door-in-the-face-Technik zur Lösung von Problemen beitragen. Verweigert ein Jugendlicher das Gespräch, kann ihm der Erzieher sagen: „Ich möchte, dass Du Deine Mütze abnimmst, Dein Handy ausmachst und Dich zu mir an den Tisch setzt!“ Reagiert der Jugendliche nicht, formuliert der Erzieher eine moderate Bitte: „Ok, Du brauchst Dein Handy nicht auszumachen und kannst Deine Mütze auflassen, aber setz Dich bitte zu mir an den Tisch.“

Beim Ausdauertraining beispielsweise lohnt sich eine konkrete Zielvorgabe („Ich schwimme heute 1000 Meter"). Werden die Arme nach 800 Metern schwer, wird der Schwimmer ohne Zielvorgabe vielleicht das Training abbrechen. Wer sich hingegen vorgenommen hat, 1000 Meter zu schwimmen, wird vermutlich auf die Zähne beissen. Er tut dies, um eine drohende kognitive Dissonanz („Ich hab' mein Trainingsziel nicht erreicht") zu vermeiden.

Wer den eigenen Fuss nicht in der Türe hat, sollte zumindest auf die Füsse seiner Mitmenschen achten. Mit dem Wissen um die dargestellten Techniken können Motive und Verhalten in Verhandlungen oder Verkaufsgesprächen kritisch hinterfragt werden.

9. DIE ZIELSETZUNGSTHEORIE

Köbi Kummer und das Zauberwort

„Ich hab' eben kleine Füsse", murmelte Köbi Kummer. Ehefrau Lisbeth ignorierte sein verschmitztes Grinsen und insistierte: „Wirklich, Köbi, wenn Du Deine Füsse nicht mehr sehen kannst, dann bist Du übergewichtig!" Sie fuhr ihren Zeigefinger aus und stupfte Kummer ein paar Mal in den Bauch, so als wollte sie einen prall gefüllten Ballon zum Platzen bringen. Als er nicht reagierte, schlug sie eine Zeitschrift auf und knallte sie vor ihm auf den Tisch. Kummer rückte seine Brille zurecht und erkannte eine Tabelle mit Gewichts- und Grössenangaben. Offensichtlich liess die Tabelle einen Rückschluss von der Körpergrösse auf das Idealgewicht zu. Kummer studierte die Tabelle einen Moment lang und überraschte dann seine Frau erneut mit einem Umkehrschluss: „Ich bin nicht zu schwer, ich bin einfach zu klein!" Lisbeth hatte kein Verständnis für Kummers Logik, nahm die Zeitschrift zur Hand und las laut vor: „Herzprobleme, Diabetes, Bluthochdruck, Atembeschwerden, Gallenblasenerkrankungen, Prostatakrebs, Arthrose, Gicht, Rückenschmerzen, ...". Je länger Lisbeths Monolog über die Folgen von Übergewicht andauerte, desto mehr reifte in ihm die Gewissheit: Lisbeth hatte Recht, die überzähligen Pfunde mussten weg! Er riss ihr die Zeitschrift aus der Hand und vertiefte sich in den Artikel. Mit den Grundzügen einer gesunden Ernährung konfrontiert, merkte Kummer bald, dass seine ‚Dos' eigentlich ‚Don'ts' waren und seine ‚Don'ts' in Wirklichkeit den ‚Dos' entsprachen.

Als Kummer am nächsten Tag die Buchhandlung verliess, war er bereit. Von Ananasdiät bis Zitronensaftkur – das gesammelte Wissen zur Ernährungslehre lag in seiner Einkaufstüte. Die nächsten Wochen geizte er mit Kalorien, frühstückte wie ein König, ass abends wie ein Bettler, pickte Körner, knabberte Grünzeug, stoppte den Saus und vermied den Braus.

Der rote Zeiger seiner Waage glich einem Metronom. Mit schöner Regelmässigkeit schlug er einmal nach links und dann wieder nach rechts aus. „Jo-Jo-Effekt!" bemerkte die Ernährungsberaterin Frau Eichenberger und zeigte sich wenig überrascht. Eben hatte ihr Köbi Kummer händeringend dargelegt, dass seine Abnehmbemühungen nicht zum Ziel führten. „Was ist denn genau Ihr Ziel?" hakte Frau Eichenberger nach. Köbi Kummer stutzte kurz und verfiel dann in einen Redeschwall. Er wolle abnehmen, natürlich, weniger Gewicht und mehr Lebensqualität! Der Bierbauch müsse weg und der Waschbrettbauch her. Schlank und rank und zwar subito! Kummer gestikulierte wild und machte mit seinen Floskeln den Anschein, als müsste er in einer Dauerwerbesendung Fitness- und Gesundheitsprodukte anpreisen. Als Kummer anfing, über seine Diätshakes zu referieren, unterbrach ihn Frau Eichenberger: „Hören Sie, Kummer, den Zaubertrank gibt es nur bei Asterix und Obelix! Was ich Ihnen aber bieten kann, ist ein Zauberwort." Kummer schaute neugierig. „SMART" sagte Frau Eichenberger und ergänzte, „seien Sie beim Setzen Ihrer Ziele SMART – sonst wird das nichts!" Kummers Neugier wich dem Unverständnis und Frau Eichenberger griff zu Papier und Bleistift.

„Der Langsamste, der sein Ziel nicht aus den Augen verliert, geht noch immer geschwinder, als jener, der ohne Ziel umherirrt", war der deutsche Dichter Ephraim Lessing überzeugt. Mehr als 200 Jahre später widmeten sich kluge Köpfe immer noch den Zielen und deren Einfluss auf unsere Motivationslage. Basierend auf wissenschaftlichen Studien formulierten die Psychologen Edwin Locke und Gary Latham 1990 die **Zielsetzungstheorie**[16]. Sie postulierten, dass Ziele das menschliche Handeln massgebend beeinflussen. Entsprechend untersuchten sie die Frage, welche Art von Zielen die höchste Erfolgsrate hat. Ihre Erkenntnisse lassen sich mit der **SMART**-Regel zusammenfassen. Demnach sollten Ziele **s**innhaft, **m**essbar, **a**ttraktiv, **r**ealistisch und **t**erminiert sein. Köbi Kummer möchte vor allem Gewicht verlieren und somit auch seine Lebensqualität steigern. Mit dieser Zielsetzung kommt er zwei Empfehlungen der SMART-Formel nach. Das Ziel dürfte für ihn sowohl **sinnhaft** wie auch **attraktiv** sein. Diese beiden Punkte gilt es beispielsweise auch bei beruflichen Zielvereinbarungsgesprächen zu beachten. So soll ein Vorgesetzter darauf achten, dass die angestrebten Ziele für den betreffenden Mitarbeiter attraktiv sind, aber auch sinnvoll in die Unternehmensplanung passen.

Des Weiteren sollten Ziele **realistisch** sein. Wer sich unrealistische Ziele steckt, weckt übertriebene Erwartungen und läuft Gefahr, enttäuscht zu werden. Dies wiederum führt oftmals dazu, dass Projekte frühzeitig beerdigt werden. Köbi Kummer mit Waschbrettbauch hat Seifenblasencharakter und es scheint wichtig, dass er sich von dieser Vorstellung löst. Häufig lohnt es sich, einen Experten beizuziehen. Er kann beurteilen, ob die formulierten Ziele realistisch und somit umsetzbar sind.

„Gibt es etwa eine bessere Motivation als den Erfolg?" wird Ion Tiriac, der frühere Manager von Boris Becker, zitiert. Erfolgserlebnisse motivieren den Menschen ungemein. Wer sich messbare Ziele setzt, kann diese auf den Erfolg hin überprüfen. Im vorliegenden Beispiel sollte Köbi Kummer unbedingt definieren, wie viele Kilos er verlieren möchte. Bei der Gewichtsreduktion oder bei sportlichen Zielen (z.B. „Ich möchte 15 Minuten am Stück joggen können") sind **messbare** Zielvorgaben normalerweise einfach zu fassen. In anderen Lebensbereichen gestaltet sich dieses Unterfangen schwieriger. Wie kann Köbi Kummer überprüfen, ob sich seine Lebensqualität verbessert hat? Idealerweise überlegt er sich, in welchen Alltagssituationen ihn sein Übergewicht einschränkt und versucht dann, eine messbare Zielsetzung zu formulieren (z.B. „Ich kann drei Stockwerke bis zu meiner Wohnung hochlaufen, ohne dabei ausser Atem zu kommen"). Schliesslich sollten Ziele immer auch **terminiert** sein. Für Köbi Kummer gilt es also festzulegen, bis wann er sein Ziel erreichen möchte. „Bis zum 30. Juni nehme ich sechs Kilo ab", wäre eine terminierte Zielvorstellung, die Köbi Kummer am Neujahrstag ins Auge fassen könnte. Bei einer langen Zeitspanne empfiehlt es sich, mit Teilzielen zu arbeiten. Entsprechend könnte er sich vornehmen, monatlich ein Kilo zu verlieren und dies jeweils zum Monatsende zu überprüfen. Wurden smarte Ziele festgelegt, so hat Köbi Kummer die erste Hürde genommen. Nun braucht er bei der konkreten Umsetzung die Expertise seiner Ernährungsberaterin – sonst bleibt er an der zweiten Hürde hängen.

10. DIE BEDÜRFNISPYRAMIDE

Köbi Kummer und der saure Apfel

Er knurrte. Erst kaum hörbar und dann plötzlich so laut, dass alle Anwesenden erstaunt den Kopf drehten. Alle ausser Köbi Kummer, der den Kopf nicht drehte, sondern senkte und besorgt auf seinen Bauch sah. Das Signal seines Magens war unmissverständlich, die Teamsitzung würde aber noch mindestens eine Stunde dauern. Kummer seufzte und blickte nach draussen, wo eben der Gelati-Wagen vorbeituckerte. Er richtete seinen Blick wieder nach vorne und versuchte, sich auf die Präsentation zu fokussieren. Als sein Chef, Herr Steiger, ein animiertes 3D-Kuchendiagramm zeigte, lief Kummer das Wasser im Mund zusammen. „Auch uns steht ein Stück vom Kuchen zu", verkündete Steiger und erntete mit diesem Ausspruch spontane Zustimmung von Kummer. „Die Sache ist noch nicht gegessen!" gab sich

Steiger kämpferisch und animierte seine Mitarbeiter zum Mitdenken. Das klappte bei Kummer nur sehr bedingt. Sein Gehirn befand sich im Energiesparmodus. Das Denken und Lenken schien sich einen halben Meter weiter unten abzuspielen. Während sich seine Kollegen über strategische Fragen unterhielten, überlegte sich Kummer die Idealroute zum nächsten Süssigkeitenautomaten. Er verwarf den Plan, knabberte an seinem Bleistift und sah, wie sich Herr Steigers Lippen bewegten. Ein paar Wortfetzen drangen bis zu ihm durch: „...unsere Hamburger ..." – mit Käse dachte sich Kummer – „... und Berliner ..." – mit Vanillefüllung sowie sie von seinem Lieblingsbäcker zubereitet werden – „... Partnerfirmen werden uns dabei unterstützen. „... Essen ... Sie, Kummer?" Köbi Kummer grinste und nickte freudig. Die anderen Sitzungsteilnehmer strahlten ihn an. Als sogar der chronisch griesgrämige Leuenberger seine Mundwinkel ansatzweise nach oben zog, kehrte Kummer ins Hier und Jetzt zurück. „Danke Kummer, dass sie sich bereit erklären, nach Essen zu fahren", bemerkte Herr Steiger und ergänzte: „Das werden keine einfachen Verhandlungen, aber jemand muss ja in den sauren Apfel beissen!" Der Apfel blieb nicht lange sauer und wenig später biss Kummer gedanklich in einen Apfelstrudel.

„Erst kommt das Fressen, dann kommt die Moral", heisst es in der Dreigroschenoper von Bertolt Brecht. Dieser Aussage beigepflichtet hätte sicherlich auch der amerikanische Psychologe Abraham Maslow. Maslow gilt als Begründer der sogenannten **Bedürfnispyramide** [17]. Dieses Modell geniesst ein hohes Ansehen und trägt zum Verständnis der menschlichen Motivation bei. Maslow postuliert, dass der Mensch nach der Befriedigung von Bedürfnissen strebt. Diese stehen in einer Rangordnung. Ist die unterste Stufe abgedeckt, wendet sich der Mensch den nächsthöheren Bedürfnissen zu.

Demnach haben gewisse Bedürfnisse Priorität. Maslow bemerkt, dass Wasser und Luft für den Menschen wichtiger sind als ein neues Auto. Er formulierte fünf Stufen von Bedürfnissen: 1) physiologische Bedürfnisse, 2) Sicherheitsbedürfnisse, 3) soziale Bedürfnisse, 4) Individualbedürfnisse und 5) das Bedürfnis nach Selbstverwirklichung. Zu den **physiologischen Bedürfnissen** werden Hunger, Durst oder Schlaf gerechnet. Sie werden auch als Grund- oder Existenzbedürfnisse bezeichnet. Solange diese Bedürfnisse unbefriedigt sind, aktivieren und beeinflussen sie das menschliche Handeln. Mit zunehmender Befriedigung verlieren sie ihre motivierende Kraft. Wer beispielsweise nicht mehr durstig ist, versucht nicht mehr zu trinken. Sind die physiologischen Bedürfnisse erfüllt, strebt der Mensch erst nach Befriedigung der **Sicherheitsbedürfnisse** (z.B. Stabilität, Geborgenheit, Schutz, Angstfreiheit, Ordnung und Gesetz) und dann der **sozialen Bedürfnisse** (v.a. Liebe, Zuneigung, Akzeptanz und Zugehörigkeit). Die vierte Stufe umfasst die **Individualbedürfnisse**. Gemeint ist damit der Wunsch nach Anerkennung, Lob, Status, Prestige, Karriere und Kompetenz. Das Selbstwertgefühl eines Menschen steht im engen Zusammenhang mit der Befriedigung dieser Bedürfnisse. Gemäss Maslow handelt es sich bei diesen ersten vier Stufen um Defizitbedürfnisse. Demnach führt eine Nichtbefriedigung auf Dauer zu körperlichen oder psychischen Störungen. Die fünfte und letzte Stufe umfasst das Bedürfnis nach Selbstverwirklichung. Maslow ordnet die letzte Stufe den Wachstumsbedürfnissen zu. Dabei geht es um unstillbare Bedürfnisse, sprich um solche, die man nie komplett sättigen kann.

Vereinfachend lässt sich sagen, dass Zufriedenheit entsteht, wenn die Defizitbedürfnisse erfüllt sind. Glück, das über Zufriedenheit hinausgeht, kommt zustande, wenn der Mensch seine Wachstumsbedürfnisse befriedigen kann.

Köbi Kummers Verhalten in der obigen Episode lässt sich anhand der Bedürfnispyramide erklären. Seine physiologischen Bedürfnisse (Hunger) sind nicht abgedeckt. Die Befriedigung dieses existentiellen Bedürfnisses steuert sein Handeln und Denken. Steigers Aufforderung, sich Gedanken zur strategischen Lage zu machen, spricht die Individualbedürfnisse seiner Mitarbeiter an. Wer einen guten Input liefert, erntet vom Chef Lob und Anerkennung und kann seine eigene Kompetenz zur Schau stellen. Bei Köbi Kummer sind die rangniedrigen Bedürfnisse nicht abgedeckt. Entsprechend ist er kaum motiviert, sich seinen Individualbedürfnissen zuzuwenden und beteiligt sich nicht an der Gruppendiskussion.

Die Leitgedanken der Bedürfnispyramide sollten sich Unternehmen zu Herzen nehmen. Wer hoch motivierte Mitarbeiter möchte, die vielleicht sogar nach Selbstverwirklichung bei der Arbeit streben, muss sicherstellen, dass die rangniedrigeren Bedürfnisse befriedigt sind. Kommen beispielsweise Mitarbeiter in einem Schichtbetrieb auf genügend Schlaf (physiologische Bedürfnisse)? Hat der Mitarbeiter einen sicheren Arbeitsplatz, verfügt er über einen Kündigungsschutz und eine Altersvorsorge (Sicherheitsbedürfnisse)? Funktioniert die Arbeit im Team und verläuft die Kommunikation zwischen Mitarbeitern und/oder Vorgesetzten zufriedenstellend (soziale Bedürfnisse)? Wird die Arbeit des Einzelnen gewürdigt, ist der Lohn angemessen (Individualbedürfnisse)?

Übrigens: Wem wie Köbi Kummer beim Anblick eines Kuchendiagramms um 11 Uhr morgens das Wasser im Mund zusammenläuft, sollte sich Gedanken zu seinem Essverhalten machen. Ein gesundes „Znüni" – ein Vollkornbrötchen und eine Frucht beispielsweise – wirkt in dieser Hinsicht Wunder.

11. DIE SELBSTDETERMINATIONSTHEORIE

Köbi Kummer und das Wiedersehen

Er war's. Kein Zweifel. Er war's wirklich. Als sich ihre Blick kreuzten, zuckte Köbi Kummer unweigerlich zusammen. Zwischen ihrem letzten Rencontre und dem heutigen Wiedersehen lagen gut und gerne vierzig Jahre. Vierzig Jahre, die Spuren hinterlassen hatten. Kummer hatte sich von einem schlaksigen, zahnspangentragenden Teenager zu einem fülligen Mittfünfziger entwickelt. Mit Blick auf diese Wandlung überraschte es nicht, dass der Wiedererkennungseffekt bei seinem Gegenüber ausblieb. Kummer erntete ein flüchtiges Kopfnicken und blieb ein Fremder im gleichen Zugabteil. Für ihn hingegen war der alte Mann kein Fremder. Es war Ferdinand Gabathuler – Kummers Turnlehrer ausser Dienst.

Der Zahn der Zeit hatte auch an Gabathuler genagt. Hatte sein T-Shirt damals beim Bizeps gespannt, so tat es dies jetzt am Bauchansatz. Diese Veränderung stach Kummer sofort ins Auge, schien Gabathuler doch genau das gleiche T-Shirt wie damals zu tragen. Mit den drei aufgenähten Schulterstreifen lag er – ohne dass er sich dessen vermutlich bewusst war – voll im Trend. Die Jungen nannten dies anerkennend „Old School". Alte Schule war auch Gabathulers Unterrichtsstil gewesen, und das bereits vor dreissig Jahren. Körperliche Ertüchtigung und Leibeserziehung bildeten die Pfeiler seines Unterrichts. Gabathuler verstand den Sport als Vorbereitung auf die Rekrutenschule. Mit Stoppuhr und Trillerpfeife bewaffnet, kontrollierte er, dass seine Schüler höher, schneller und weiter agierten. Teile dieser Maxime nahm sich auch Kummer zu Herzen und entfernte sich bei jeder Gelegenheit so schnell und so weit wie möglich von Gabathuler. Kummer hatte viele Talente. Koordination und sportliches Geschick gehörten aber definitiv nicht dazu. Gabathuler zeigte kein Verständnis, wenn Kummer an der Kletterstange unfreiwillig nach unten rutschte oder beim Streckentauchen dort auftauchte, wo andere nach dem Startsprung eintauchten. Bei solchen Gelegenheiten pflegte er Kummer jeweils vor versammelter Klasse anzuschreien. Der Anblick von Gabathulers fuchtelndem Zeigefinger und dessen Halszäpfchen, wenn er mit weit aufgerissenem Maul vor ihm stand, waren Kummers ständige Begleiter im Turnunterricht.

„Ich kenne Sie doch!" Kummer, der gedankenverloren aus dem Fenster geschaut hatte, stockte der Atem und er blickte Gabathuler direkt an. „Sie waren doch bei mir im Turnunterricht, nicht wahr?" fuhr der Alte fort. Kummer nickte und war augenblicklich wieder zwölf Jahre alt. „Die Wirtschaftsklasse im Isaak-Iselin Schulhaus, richtig?" Kummer nickte erneut. Seine Gefühlslage entsprach einer Mischung aus Überraschung, Unsicherheit und der Angst, Gabathuler würde ihn jetzt hier auf der Stelle zu 50 Liegestützen verdonnern. Gabathuler musterte ihn mit zusammengekniffenen Augen und stellte dann triumphierend fest: „Ich hab's! Heinrich Müller!" und fügte an: „Mein Gott, Sie waren ein toller Athlet – schnell wie der Wind!" Kummer hob die Hand und wollte widersprechen, hielt dann aber inne und sagte nur: „11,2 auf 100 Meter." Dann verschränkte er die Arme, nahm eine Pose ein wie ein römischer Gott und spürte, wie ihn Gabathuler zum ersten Mal in seinem Leben voller Bewunderung anschaute.

Gabathuler weiss vermutlich, wie man einen Felgaufzug macht oder den Stemmschritt beim Ballweitwurf vermittelt. Vierzig Jahre lang war das sein tägliches Brot. Bloss, wie macht man dieses Brot den Leuten schmackhaft? Das Beachten von grundlegenden Motivationsregeln hätte vermutlich dazu geführt, dass Kummer sich nicht mit Angst und Schrecken an seinen Turnunterricht zurückerinnert. Klar, auch ein pädagogisch gewiefter Turnlehrer hätte den Doppellinkshänder Kummer nicht in einen Weltklasseathleten verwandelt. Vielleicht aber hätte er Kummers Einstellung zum Sport und zur Bewegung nachhaltig verändern können. Experten sprechen in diesem Zusammenhang von **Tracking**. Gemeint ist damit das Fortbestehen von Einstellungen oder Verhaltensweisen über eine längere Zeit (oftmals die ganze Lebensspanne) hinweg. Gerade in der Gesundheitspsychologie spielt das Tracking eine wichtige Rolle. Wer beispielsweise in jungen Jahren eine negative Einstellung zur Bewegung entwickelt oder ein ungünstiges Essverhalten an den Tag legt, läuft Gefahr, dass ihn diese Denk- und Verhaltensmuster auch im Erwachsenenalter begleiten. Mit Blick auf diese Problematik wird klar, dass der Aufbau von gesundheitsförderlichem Verhalten das Wissen um grundlegende Motivationsprozesse voraussetzt. Ein Ansatz, der sich mit solchen Motivationsprozessen auseinandersetzt, ist die **Selbstdeterminationstheorie** [18]. Deren Begründer, Edward Deci und Richard Ryan, rückten drei psychologische Grundbedürfnisse in den Fokus: Autonomie, Kompetenz und soziale Eingebundenheit. Gemäss Deci und Ryan führt die Befriedigung dieser drei Bedürfnisse dazu, dass der Mensch intrinsisch motiviert ist und damit eine Tätigkeit um ihrer selbst willen ausübt (vgl. Episode 1). Bei Köbi Kummer war dies im Turnunterricht nicht der Fall. **Autonomie**, sprich ein Mitspracherecht bei der Übungs- oder Themenwahl, gewährte Gabathuler seinen Schülern nicht. Das Wahrnehmen von eigener **Kompetenz** fand bei Kummer nicht statt. Dafür hätte Gabathuler einen differenzierten Unterricht anbieten müssen, der auch sportlich schwächeren Schülern Erfolgserlebnisse ermöglicht. Das Gefühl der **sozialen Eingebundenheit** kam bei Kummer nie auf. Anstatt Kummer Vertrauen zu schenken oder ihn nach Misserfolgen wieder aufzubauen, tadelte Gabathuler ihn vor der ganzen Gruppe.

Kummers Motivation zum Sporttreiben war vor allem extrinsisch bedingt. Das heisst, sein primärer Anreiz war es, negative Konsequenzen – die Blossstellung durch Gabathuler – zu vermeiden. Es überrascht wenig, dass Kummer nach seiner Schulzeit weder Gabathulers Kasernenton noch das Innenleben einer Turnhalle wirklich vermisste.

Die Selbstdeterminationstheorie wurde in den Achtzigerjahren entwickelt und hat seither viel Beachtung gefunden, auch ausserhalb des Sports. Gerade auch im Geschäftsleben tun Vorgesetzte gut daran, sich an den drei Pfeilern der Selbstdeterminationstheorie zu orientieren. Wer seinen Mitarbeitenden einen bestimmten Entscheidungsspielraum zugesteht, an sie Arbeiten delegiert, die sie erfolgreich meistern können, und noch dazu eine gute Beziehung zu ihnen pflegt, hat schon vieles richtig gemacht.

12. DIE ZWEI-FAKTOREN-THEORIE

KöBI KUMMER und der grosse gelbe Bagger

„Bist Du Feuerwehrmann oder Polizist?" „Ich bin Buchhalter", erwiderte Köbi Kummer und blickte herab zum Knirps, der ihn skeptisch musterte. Dennis, Kummers Neffe, tat sich mit der Antwort schwer. Warum sollte dieser Mann den ganzen Tag Bücher halten, wo es doch Regale gab? Bereits am letztjährigen Familienfest war Kummer ins Kreuzverhör geraten. Damals wollte der Kleine von ihm wissen, ob er schneller als ein Gepard rennen könne. Nun also schien seine Berufswahl im Zentrum zu stehen.

Ob er denn wenigstens früher als Superheld gegen Bösewichte gekämpft habe, wollte Dennis dann wissen. „Na ja, gegen Bösewichte habe ich nicht gekämpft, aber gegen Wind und Wetter!" schmunzelte Kummer und dachte zurück an seinen ersten Job als Zeitungsverträger. Rückblickend hatte dieser Job durchaus etwas Heldenhaftes, befand Kummer. So frühmorgens mit klammen Fingern von Briefkasten zu Briefkasten zu laufen, und das obendrein für ein eher symbolisches Gehalt. Dennis zeigte sich wenig beeindruckt. Gegen Superman und Batman hatten die Helden des Alltags offensichtlich einen schweren Stand. Bei seinem zweiten Job habe es aber richtige Löwen gehabt, beeilte sich Kummer zu sagen. Dennis stellte sich Kummer in Gladiatorenmontur vor und Kummer dachte zurück an seinen Einsatz beim Hilfsprojekt in Afrika. Er versuchte Dennis zu erklären, wie überaus motivierend die Arbeit mit den Schulkindern dort gewesen sei, und dass er das erste Mal so richtig das Gefühl gehabt habe, etwas Sinnvolles zu tun. Dennis nickte interessiert und fragte dann abschliessend, ob er nun gegen den Löwen gewonnen habe. „Ich hab nicht gegen Löwen gekämpft!", enervierte sich Kummer. Mit Bezug auf die spartanischen Unterkünfte, das bescheidene Essen und das spärliche Gehalt fügte er an: „Abgesehen davon habe ich aber schon wie ein Gladiator gelebt."

Für einen Moment hing Kummer gedankenverloren dieser Zeit nach, als ihn plötzlich ein kleiner Zeigefinger bearbeitete. „Hast Du Dir dann einen Hutter 7GX gekauft?" wollte Dennis wissen und schob Kummer eine Quartettkarte mit einem grossen gelben Bagger unter die Nase. „Nein, dafür hat das Geld nicht gereicht", antwortete Kummer trocken. „Ich habe mir nachher eine richtige Stelle gesucht ...", „.... um Dir einen Hutter 7GX kaufen zu können", fiel ihm der Kleine ins Wort. „Ja, so ungefähr", erwiderte Kummer und erinnerte sich an die Anfänge bei seinem jetzigen Arbeitgeber. Die ersten Jahre waren toll gewesen. Eine herausfordernde, inhaltlich spannende Arbeit mit Aufstiegschancen und dazu das ganze Paket mit attraktiver Entlöhung, Sozialversicherungen und sogar einem Dienstwagen. Zwischenzeitlich waren Kummer und der Dienstwagen etwas in die Jahre gekommen. Der Lohn war immer noch ganz passabel, karrieretechnisch aber war Kummer im stockenden Kolonnenverkehr statt auf der Überholspur. Bei der Arbeit wies er mittlerweile die gleiche Einstellung auf wie beim allabendlichen Zappen durch das TV-Programm: gelangweilt, emotionlos und ohne bewusstes Ziel vor Augen. Der Gedanke an den Arbeitsalltag hatte sich auf Kummers Körpersprache ausgewirkt. Im Sessel war er so weit nach unten gerutscht, dass er fast schon auf Augenhöhe war mit Dennis. Als Dennis zur nächsten Frage ausholte, erhob sich Kummer. Er ahnte, dass er wohl nicht die Anwort bereit hatte, die sich der Knirps erhoffte. Er ahnte auch, dass er in seinem Leben vermutlich etwas verändern musste, damit es wieder Platz gab für Löwen, Geparde, Superhelden, Gladiatoren und grosse gelbe Bagger.

In den Fünfzigerjahren begründete der amerikanische Psychologe Frederick Herzberg die **Zwei-Faktoren-Theorie** [19]. Die Theorie fokussiert auf die Arbeitsmotivation. Dabei unterscheidet Herzberg zwei Einflussfaktoren, welche die Einstellung zur Arbeit beeinflussen: Motivatoren und Hygienefaktoren.

Hygienefaktoren beziehen sich auf den Kontext, also auf die Rahmenbedingungen. Typischerweise handelt es sich dabei um die Entlöhnung, die Arbeitsplatzsicherheit oder um die Qualität der zwischenmenschlichen Beziehungen am Arbeitsplatz. Sind diese Faktoren positiv ausgeprägt, wird die Entstehung von Unzufriedenheit verhindert. Gemäss Herzberg machen diese Faktoren nicht glücklich, sondern ‚nur' nicht unglücklich.

Basierend auf dieser Überlegung argumentiert Herzberg, dass ein niedriger Lohn unzufrieden macht, man umgekehrt aber die Zufriedenheit von Arbeitenden nicht unbegrenzt über Gehaltserhöhungen steigern kann. Eine Grundannahme der Theorie ist, dass Zufriedenheit und Unzufriedenheit zwei voneinander unabhängige Eigenschaften sind. Während der Grad der Unzufriedenheit also von den Hygienefaktoren abhängt, sind die **Motivatoren** für die Ausprägung der Zufriedenheit verantwortlich. Sie beziehen sich auf den Inhalt der Arbeit. Dazu gehören Erfolgserlebnisse am Arbeitsplatz, Wachstum, das Wahrnehmen von Anerkennung und Verantwortung oder auch die Möglichkeit einer Beförderung. Wie der Name sagt, haben sie einen wesentlichen Einfluss auf die Motivation und auf die Leistung.

Aus der Interaktion von Hygienefaktoren und Motivatoren lassen sich **vier Szenarien** skizzieren. Köbi Kummers Ausführungen zeigen dies beispielhaft auf: Kummers Arbeit als Zeitungsverträger bringt die ungünstigste Konstellation mit sich. Sowohl Hygienefaktoren wie auch Motivatoren sind niedrig ausgeprägt. Inhaltlich ist die Tätigkeit für Kummer nicht interessant, dazu kommen schwierige Rahmenbedingungen (Arbeitszeit, Witterung, Entlöhnung). Die Folge ist ein unmotivierter Mitarbeiter mit vielen Beschwerden. Beim Engagement im Hilfsprojekt sind die Arbeitsbedingungen auch nicht ideal (ungünstige Hygienefaktoren), dafür ist der Job interessant und herausfordernd (günstige Motivatoren). Kummer ist motiviert, hat aber viele Beschwerden. Das dritte Szenario entspricht der Idealvariante. Zu Beginn seiner Tätigkeit als Buchhalter sind Motivatoren und Hygienefaktoren positiv ausgeprägt. Nebst einer spannenden Tätigkeit mit Karrierepotential kommt er in den Genuss eines guten Lohns, eines Firmenautos und anderer „Goodies". Folglich ist er hoch motiviert und hat kaum Beschwerden.

Aktuell scheint sich das Blatt gewendet zu haben. Während die Wahrnehmung der Hygienefaktoren immer noch positiv ist, haben die Motivatoren abgenommen. Kummers Karriere stagniert und inhaltlich kann er mit seinem Job nicht mehr viel anfangen. Er hat zwar kaum Beschwerden, ist aber wenig motiviert. Häufig wird in diesem Zusammenhang von einer Söldner-Mentalität gesprochen.

Arbeitnehmende tun gut daran, die eigene Tätigkeit kritisch zu reflektieren. Lässt sich diese einem der vier dargestellten Szenarien zuordnen? Falls eine ungünstige Konstellation vorliegt, welche Faktoren gilt es zu verändern? Ähnliche Überlegungen sollten sich auch Vorgesetzte, Lehrer und Trainer machen. Eine zentrale Erkenntnis von Herzberg war, dass wirkliche Zufriedenheit und damit Motivation nur entstehen kann, wenn jene Bedürfnisse befriedigt werden, die sich auf den Arbeitsinhalt beziehen (Motivatoren). Gleichzeitig ist dieser Schluss auch eine klare Absage an einfach gestrickte Motivationsprogramme, die ausschliesslich auf die Befriedigung von Hygienefaktoren (z.B. Prämien, Noten, Belohnungen etc.) abzielen.

13. MOTIVATIONSKONFLIKTE

Köbi Kummer und die überdimensionalen Fledermäuse

Köbi Kummer hing in der Luft. Unter ihm tobte der Atlantik. Am Strand erkannte er ganz klein Lisbeth, die bewundernd zu ihm hochblickte. Er zog die Fersen zum Gesäss, griff mit der rechten Hand an sein Kiteboard und zog mit links an der Leine seines Schirms. „Bitte bereiten Sie sich für die Landung vor", hörte Kummer eine Frauenstimme aus dem Off sagen. Er nickte, brachte sein Brett wieder in die Normalstellung und steuerte auf die Fluten zu. Dann spürte er eine Hand an seiner Schulter. „Den Tisch hochklappen und die Rückenlehne senkrecht stellen bitte." Kummer öffnete die Augen und beeilte sich, den Anweisungen der Flugbegleiterin nachzukommen. Weniger später empfingen ihn Fuerteventura, zweiunddreissig Grad und ein Taxifahrer mit Formel-1-Allüren. Kaum war der erste – unfreiwillige – Geschwindigkeitsrausch überstanden, plante Kummer schon den zweiten. Er hatte kürzlich diese Dokumentation über das Kiteboarden gesehen und war seither besessen von der Idee, Wind und Wellen den Meister zu zeigen. Lisbeth, seine Frau, konnte sich für diese Idee nicht begeistern. Während sie die Flora und Fauna der Hotelanlage inspizierte, stampfte Köbi Kummer entschlossen zum Strand. Dort angekommen wurde es ihm plötzlich etwas mulmig. Die Kites wirkten riesig und flitzten wie überdimensionale Fledermäuse über seinen Kopf hinweg. Riesig erschienen ihm auch die Oberarme der Beach Boys, die geschickt mit den Kites hantierten. Kummer beschloss, einen Zwischenhalt an der Strandbar zu machen. Er bestellte sich eine Büchse Bier, hob diese wie eine Kurzhantel an und blickte auf seinen eigenen Oberarm. Köbi Kummer war Schweizer, sein Bizeps war Holländer. Zumindest topografisch: flach und ohne sichtbare Anzeichen einer Wölbung oder Erhebung. Kummer seufzte und beschloss, sein Kiteboarding-Debüt auf den Folgetag zu verschieben.

Am nächsten Morgen war er beim Frühstücksbuffet guten Mutes. Als er aber kurz darauf bei der Surfstation stand, war der Tatendrang dem Harndrang gewichen. Wie die Olympioniken bräuchte er wohl zuerst noch etwas Akklimatisation bis er zu Höchstleistungen fähig sei, dachte sich Kummer. Am dritten Tag besorgte er sich die Preisliste, am vierten Tag lud er sich eine App mit der Windprognose runter, am fünften Tag studierte er die Details zum Einführungskurs, am sechsten Tag kaufte er sich einen Neoprenanzug und am siebten Tag ... sass er im Flieger Richtung Zürich.

Menschliches Handeln findet in einer komplexen Umgebung statt. Häufig ist der Mensch gezwungen, sich zwischen mehreren Optionen zu entscheiden. Der deutsch-amerikanische Psychologe Kurt Lewin widmete sich dieser Thematik und beschrieb verschiedene **Motivationskonflikte** [20]. In der obigen Episode befindet sich Köbi Kummer in einem **Appetenz-Aversions-Konflikt**. Der Begriff Appetenz steht dabei für die Annäherung, der Begriff Aversion entspricht der Vermeidung. Das heisst eine Person muss sich für eine Sache entscheiden, die für sie sowohl positive wie auch negative Aspekte aufweist. Der Nervenkitzel und das Spiel mit den Elementen reizen Köbi Kummer am Kiteboarden, gleichzeitig machen ihm diese Dinge auch Angst. Wer sich über der Heiratsfrage den Kopf zerbricht, steckt vermutlich auch in einem Appetenz-Aversions-Konflikt. Einerseits kann man so einen geliebten Menschen an sich binden, anderseits fürchtet man vielleicht, seine Unabhängigkeit aufzugeben.

Beim **Appetenz-Appetenz-Konflikt** muss sich der Betreffende zwischen zwei oder mehreren attraktiven Alternativen entscheiden. Soll ich mit dem Geld in die Ferien fahren oder soll ich mir ein neues Fahrrad kaufen? Hat man hier also die Qual der Wahl, so ist man beim nächsten Konfliktmodell mit der „Wahl der Qual" konfrontiert. Beim **Aversions-Aversions-Konflikt** muss zwischen zwei unangenehmen Alternativen entschieden werden. Lerne ich den ganzen Abend oder nehme ich an der morgigen Prüfung eine schlechte Note in Kauf? Man entscheidet sich gewissermassen für das geringere Übel.

Nachträglich wurde die Auflistung von Motivationskonflikten noch mit dem **doppelten Appetenz-Aversions-Konflikt** ergänzt. Dabei stehen zwei Alternativen zur Auswahl, die beide sowohl positive wie auch negative Aspekte beinhalten. Nehme ich die gut bezahlte Stelle in der

Kleinstadt an oder entscheide ich mich für die schlecht bezahlte Stelle in der Traumstadt?

Mit zunehmender Nähe zum Ziel steigen sowohl Annäherungs- wie auch Vermeidungstendenz. Dabei steigt die Vermeidungstendenz stärker an. Dieses Phänomen ist auch bei Köbi Kummer beobachtbar. Je näher er zum Strand kommt, desto mehr scheinen die Zweifel zu überwiegen. Entsprechend entscheiden sich Personen in einem Appetenz-Aversions-Konflikt häufig im letzten Moment gegen eine Handlung. Im Hotel, mit räumlicher und zeitlicher Distanz zum Kiteboarden, ist die Annäherungstendenz bei Köbi Kummer dann wieder stärker ausgeprägt als die Vermeidungstendenz.

Auch im Rahmen der betrieblichen Gesundheitsförderung spielen Motivationskonflikte eine Rolle. Oftmals befinden sich Mitarbeitende mit hoher Stressbelastung in einem Appetenz-Aversions-Konflikt. Einerseits möchten sie das Stressproblem lösen, anderseits haben sie Angst vor den negativen Folgen bei Misslingen. Finden die Betreffenden keine Lösung, riskieren sie, in einen Aversions-Aversions-Konflikt zu rutschen. Bei Burnout-Kandidaten trifft man häufig auf diese Konstellation. So hat beispielsweise ein Mitarbeitender die Wahl zwischen der belastenden Arbeit, die ihn krank macht, oder dem Ergreifen von drastischen familiären oder beruflichen Massnahmen, die mit hohen Kosten einhergehen (z.B. Kündigung, Stigmatisierung u.a.). Dieser Aversions-Aversions-Konflikt lähmt ihn. Wenn er sich einer Entscheidung nähert, steigt die jeweilige Vermeidungstendenz. Er pendelt gedanklich zwischen den beiden Optionen hin und her und sitzt gewissermassen in der Falle. Diese Negativspirale dreht sich so lange, bis die gesundheitlichen Beeinträchtigungen das Weiterarbeiten verunmöglichen. Es kommt zum Zusammenbruch und damit zum Burnout.

14. DER KOBRA-EFFEKT

KöBI KUMMER und die schwarze Brühe

„Wucher!", entfuhr es Köbi Kummer. Fasslungslos starrte er auf das Preisschild und dann auf die Kantinenmitarbeiterin. „Firmenpolitik", meinte diese und zuckte mit den Achseln. Widerwillig legte Kummer vier Franken auf die Theke, griff sich das Cola-Fläschchen und schlürfte zu seinem Büro. Er durchforstete seinen Mailordner und stiess auf das Memo „Aqua sana!" Es war die Rede von der Heilkraft des Wassers, von betrieblicher Gesundheitsförderung und davon, dass „man ist, was man isst." Entfernt erinnerte sich Kummer an das Referat einer Ernährungsberaterin, das dem Memo vorangegangen war. Zwei Liter Wasser pro Tag müsse ein Erwachsener zu sich nehmen. Dies würde die Leistungsbereitschaft und die Konzentrationsfähigkeit nachhaltig verbessern. Wurde Kummer Wasser gepredigt, so trank er lieber Wein, oder eben Cola. Herr Steiger, Kummers Chef, war bei den Worten Leistungsbereitschaft und Konzentrationsfähigkeit hellhörig geworden. Mit einem Heer von wassertrinkenden Hochleistungsbuchhaltern vor Augen hatte Steiger verschiedene Massnahmen verabschiedet und diese in das Memo gepackt. Die Kantinenmassnahme traf den Cola-Junkie Kummer besonders hart. Neu kostete die Halbliterflasche Wasser nur noch die Hälfte, Cola und Co hingegen das Doppelte. „Der Mensch reagiert nunmal auf Anreize", drang es neulich aus Steigers Büro.

„Pssst!" Cadisch steckte seinen Kopf in Kummers Büro und meinte in seinem Bündnerdialekt, er ginge sich jetzt im Supermarkt „Cola hola". Dankend gab Kummer ein Fläschchen in Auftrag.

(Cola-)Not macht erfinderisch. Kurze Zeit später hatten sich die Mitarbeiter zu einem Softdrink-Zirkel organisiert. Als Cadisch seinen VW-Bus zur Verfügung stellte, schnellte die Bestellmenge in die Höhe. Hatte sich Kummer anfänglich noch mit den 0.5l Flaschen begnügt, wechselte er bald auf die Literflaschen. Nach vier Wochen – der Softdrink-Zirkel hatte mittlerweile abteilungsübergreifende Dimensionen angenommen – war er bei den Zweiliterflaschen angelangt. Size matters – nicht zuletzt auch für den Geldbeutel. Aus dem täglichen Fläschchen war eine Flasche geworden und Kummer trank die schwarze Brühe nun vor, während und nach dem Essen.

Während Steiger zum Monatsende stirnrunzelnd die Verkaufszahlen der Kantine studierte, hielt vor dem kleinen Supermarkt draussen der Coca-Cola Lastwagen.

„Der Mensch reagiert nun mal auf Anreize", bemerkt Köbi Kummers Chef und hat damit nicht Unrecht. Bloss reagieren die Menschen nicht immer so, wie wir uns das vorgestellt haben. Schmerzlich erfahren mussten dies die englischen Kolonialherren in Indien. Um eine grassierende Kobraplage einzudämmen, setzte der britische Gouverneur eine Kopfprämie für jede getötete Giftschlange aus. Statt aber auf Schlangenjagd zu gehen, begannen findige Inder, die Kobras zu züchten. Als ihr Geschäftsmodell aufflog, hob der Gouverneur die Prämie auf. Die Züchter liessen die wertlos gewordenen Tiere frei. Als Konsequenz sah sich das Land mit einer noch gravierenderen Schlangenplage konfrontiert. In Anlehnung an diese Geschichte sprechen Motivationspsychologen vom **Kobra-Effekt** [21]. Dieser tritt dann auf, wenn Massnahmen das Gegenteil des Gewünschten bewirken. Gut gemeint heisst noch lange nicht gut gemacht! Dies trifft auch auf Herrn Steiger und seine vermeintlich gesundheitsfördernden Massnahmen zu. Statt mehr Wasser zu trinken, vervielfachen Köbi Kummer und seine Kollegen ihren Konsum an Süssgetränken.

Der Kobra-Effekt ist ein universelles Phänomen. Verschiedene Episoden sorgten in der Vergangenheit für rote Köpfe bzw. amüsiertes Grinsen – je nach Blickwinkel. Auf Java untersuchte ein Team von Paläoanthropologen die Knochen von Urzeitmenschen. Um mehr Material zu erhalten, bot das Team den Einheimischen eine Geldprämie pro Knochenfragment. Entsetzt realisierten die Forscher später, dass die Einheimischen die Knochen in winzige Teile zertrümmerten, um ihren Ertrag zu maximieren. Ein klassischer Kobraeffekt trug sich auch in Mexico City zu. Um die Luftverschmutzung einzudämmen, ergriffen die Behörden verkehrspolitische Massnahmen. So durften Autofahrer in Abhängigkeit ihres Nummernschilds ihr Fahrzeug nur noch jeden zweiten Tag nutzen. Um trotzdem täglich Autofahren zu können, begannen viele Menschen, sich ein zweites Auto zu kaufen. Anstatt sich ein neues, umweltverträglicheres Auto zu leisten, bevorzugten sie zwei günstige, alte Autos. Diese wiederum wiesen höhere Schadstoffemissionen auf und verschärften so die bereits vorhandene Umweltproblematik.

Was lehrt uns der Kobra-Effekt? Grundsätzlich führt nicht jedes Anreizsystem zu den erhofften Konsequenzen. Gerade in der Arbeitswelt fallen Unternehmen, die rigide Massnahmen befürworten, häufig auf die Nase. Um das Anreizsystem auszutricksen, entwickeln Mitarbeiter oftmals einen erstaunlichen Erfindergeist. Ein grundlegendes Problem liegt dann vor, wenn das Management (oder die Entscheidungsträger) nicht den gleichen Mindset (Mentalität) aufweisen wie die Mitarbeitenden. Dann werden Anreize geschaffen, die zwar theoretisch nachvollziehbar sind, sich aber als realitätsfremd und nicht praxistauglich erweisen.

Vorgesetzte tun gut daran, ihre Mitarbeitenden bei der Entwicklung von Anreizsystemen zu involvieren. Die Reaktionen der Betroffenen auf die geplanten Massnahmen lassen sich vorhersehen und böse Überraschungen können vermieden werden. Es gilt im Vorfeld einer Entscheidung, möglichst alle Konsequenzen in Gedanken durchzuspielen. In der Managementliteratur wird dieser Schritt treffend als **„Playing the whole movie“** bezeichnet. Bereits nach dem Filmvorspann abgeschaltet hatten anscheinend die Verantwortlichen eines grossen Computerkonzerns. Um die Produktivität ihrer Mitarbeiter zu steigern, beschlossen sie, ihre Programmierer pro Linie zu entlöhnen. In der Folge gingen die Programmierer tatsächlich dazu über, mehr Linien zu schreiben. Anstatt aber dem Wunsch der Direktion nach mehr Computerprogrammen nachzukommen, schrieben die Programmierer einfach kompliziertere, weniger elegante Codes. Das Beispiel verdeutlicht, dass die Kobra gerne dort zubeisst, wo Innovation und Kreativität gefragt sind. Herkömmliche Anreizsysteme, die auf den mengenmässigen Output abzielen, dürften bei einem Verkäufer oder einem Plattenleger funktionieren. Im Kreativbereich müssen sich die Führungskräfte andere Anreize überlegen, wollen sie nicht in einer Flut von mittelmässigen Ideen ertrinken.

15. DIE ERWARTUNGS-X-WERT-THEORIE

KöBI KUMMER und die Evolutionsleiter

Da stand er nun. Angewurzelt, inmitten der Pendlerströme, die sich rechts und links an ihm vorbeizwängten. Wie die antike Statue eines heldenhaften Olympioniken. In einer Vorschrittstellung, den Rücken durchgebogen und den Kopf leicht in den Nacken gelegt, wirkte Köbi Kummer wie ein Speerwerfer. Ein eingefrorenes Standbild, Sekundenbruchteile vor dem Abwurf. Bloss, Kummers Pose war alles andere als heldenhaft. Er war ein Speerwerfer ohne Speer. Statt den Speer zu werfen, wirkte er wie vom Speer getroffen. Mit schmerzverzerrtem Gesicht griff sich Kummer an den unteren Rücken. „Lokales Lumbalsyndrom" schreibt der Mann im weissen Kittel in solchen Fällen auf seinen Notizblock. „Hexenschuss" meint der Mann von der Strasse dazu. Kummer fiel nicht zu Boden, aber er war definitiv angeschossen. Langsam gab er seine Position auf und schleppte sich zur nahe gelegenen Bahnhofsapotheke. Mit einem Sack voller Schmerzmittel begab er sich auf den Heimweg, wobei die Treppe hoch zur Altbauwohnung zum persönlichen Achttausender wurde.

„Pfuscher!" entfuhr es Kummer, als seine besorgte Ehefrau einen Termin mit seinem Hausarzt vereinbaren wollte. Eine Therapie könne er sich auch selbst verordnen, ohne Taxpunkte wohlgemerkt. „Zwei Tage Ruhe, eine warme Bettflasche und ein heisses Bad und Du erkennst mich nicht wieder!" gab er Lisbeth zu verstehen. Zwei Tage Ruhe, eine warme Bettflasche und ein heisses Bad später erkannte ihn Lisbeth tatsächlich kaum wieder. Auf der Evolutionsleiter war Kummer ein paar Stufen hinuntergepurzelt. Zumindest was die Körperhaltung anbelangte. Vom aufrechten Gang war keine Spur mehr. Kummer bewegte sich so, als müsse er barfuss und mit verbundenen Augen einen mit Reissnägeln übersähten Raum durchqueren. Eine Kombination aus Zeitlupe und böser Vorahnung.

„Jakob" sagte Lisbeth in strengem Ton, „so geht das nicht weiter! Ich werde nun mit Doktor Käppeli einen Termin abmachen." „Quacksalber!" brummte Kummer und winkte ab. Käppeli habe ihm auch in der Vergangenheit nie helfen können. Als er seinen Zeigefinger über Kopfhöhe hob, um seinen Worten Nachdruck zu verleihen, zwickte es ihn im Rücken. Keine Frage, die Schmerzen waren schlimmer geworden. Am Folgetag – die Schmerzmittel und Lisbeths Geduld waren aufgebraucht – schaute Köbis Bruder Karl vorbei. Nachdem Köbi ihm sein Leid geklagt hatte, sagt dieser nur: „Krähenmann. Bruno Krähenmann." Die Nachname-Vorname-Nachname Vorstellung in klassischer James Bond Manier machte Köbi Kummer neugierig. Als sich herausstellte, dass Krähenmann ein ausgewiesener Rückenspezialist war, griff Kummer erwartungsfroh zum Hörer. Am nächsten Morgen sass er bei ihm in der Praxis. Krähenmann sah nicht aus wie James Bond, seine Assistentin erinnerte nicht an ein Bond-Girl, aber Krähenmann wusste genau was er tat. Er war gut. Richtig gut. Und so kam es, dass Kummer die Evolutionsleiter wieder hochkletterte und 48 Stunden später mit aufrechter Haltung an seinem Pult sass. Dass diese aufrechte Haltung nicht lange anhielt, und Kummer wenig später geknickt das Büro seines Chefs verliess, ist eine andere Geschichte.

Wenn uns etwas wichtig und machbar erscheint, dann sind wir motiviert. So könnte man den Kerngedanken der **Erwartungs-x-Wert-Theorie** zusammenfassen [22]. Die Motivation **(M)** zu handeln, ist das Produkt aus der Erwartung **(E)** an das Ergebnis und dem Wert **(W)** oder dem Nutzen, den sich eine Person vom Ergebnis verspricht:

$$\mathbf{M = E \times W}$$

Als Pfuscher und Quacksalber bezeichnet Köbi Kummer seinen Hausarzt. Keine Frage, er hat eine geringe Meinung von ihm. Entsprechend liegen seine **Erwartungen** auf einen Behandlungserfolg bei Null. Eine erfolgreiche Behandlung, sprich das Verschwinden der Rückenschmerzen, hätte aber für Kummer einen hohen (Stellen-)**Wert**. Theoriegeleitet multiplizieren sich Erwartungen und Wert. Liegt einer dieser Faktoren bei Null (bei Kummer sind es die Erwartungen), dann ist auch die Motivation gleich Null. Folgerichtig kann sich Kummer nicht motivieren, seinen Hausarzt aufzusuchen.

Im Laufe der Episode verschlimmern sich Kummers Rückenschmerzen. Mit zunehmendem Leidensdruck steigt für ihn der Wert eines Arztbesuchs. Den Stein ins Rollen bringt jedoch erst die Empfehlung seines Bruders. Die Motivation, einen Termin zu vereinbaren, schnellt in die Höhe, und Kummer greift erwartungsfroh zum Hörer. Die Erkenntnisse der Erwartungs-x-Wert-Theorie erscheinen auch dem Laien plausibel. Wie Köbi Kummer handeln Menschen in der Regel intuitiv und unbewusst danach. Manchmal scheint aber auch eine bewusste und gezielte Umsetzung der Erwartungs-x-Wert-Theorie angebracht. Lehrern, Trainern oder Vorgesetzten kann sie behilflich sein, wenn es darum geht, Personen zu motivieren. Nehmen wir einen Fussballtrainer, der beschliesst, mit seiner Mannschaft mehr Krafttraining zu machen. Nach kurzer Zeit merkt er, dass seine Spieler nicht so motiviert bei der Sache sind. Was soll er machen? Idealerweise sucht er mit der Mannschaft das Gespräch und evaluiert, welcher der beiden Faktoren niedrig ausgeprägt ist. Versprechen sich die Spieler keinen Nutzen (Faktor Wert) vom Krafttraining, braucht es in erster Linie Aufklärungsarbeit. Anhand von Studien kann der Trainer darlegen, dass das Krafttraining die Verletzungswahrscheinlichkeit herabsetzt oder die Zweikampfstärke verbessert.

Möglicherweise basiert der Motivationsmangel auch auf einer niedrigen Erwartungshaltung. Das würde bedeuten, die Spieler sehen schon, dass Krafttraining grundsätzlich sinnvoll ist, glauben aber nicht, dass sie die entsprechenden Fortschritte erzielen werden. In diesem Fall muss der Trainer dafür sorgen, dass seine Mannschaft im Kraftraum regelmässig Erfolgserlebnisse hat. Mit Vorher-Nachher-Vergleichen kann er ihnen ihre Fortschritte aufzeigen. Der Einsatz von Vorbildern macht ebenfalls Sinn. Gibt es Spieler, die das gleiche Krafttrainingsprogramm bereits erfolgreich absolviert haben?

Auch Trainer oder Übungsleiter, die andere Zielgruppen zum Sporttreiben motivieren möchten, treffen oftmals auf eine niedrige Ausprägung der Faktoren Wert und Erwartung. So ist bei älteren Menschen häufig der (Irr-)Glaube verbreitet, dass körperliches Training im Alter nichts bringt (Faktor Wert). Bewegungsmuffel, denen es in der Vergangenheit nicht gelungen ist, ein Trainingsprogramm einzuhalten, legen eine niedrige Erwartungshaltung an den Tag. Kinder, die von ihren Eltern in einen Sportverein geschickt werden, messen der sportlichen Aktivität vielleicht nicht den gleichen Wert bei, wie dies die Erwachsenen tun. Versprechen sich die Eltern von einer bestimmten Sportart einen pädagogischen Nutzen, entdecken die Sprösslinge vielleicht keinen Mehrwert für sich. Entsprechend unmotiviert sind sie dann bei der Sache. Will der Trainer seinen Teilnehmern die viel zitierte Motivationsspritze verpassen, tut er gut daran, die Faktoren Wert und Erwartung zu identifizieren.

16. DIE GLEICHHEITSTHEORIE

KöBI KUMMER und die geklauten Kaffeekapseln

„Kaffeekapselklauer!" zischte Kummer und wies mit dem Kinn in Richtung von Järmanns Büro. Frau Aegerter verschränkte die Arme und nickte grimmig. „Unverschämt, einfach unverschämt!" murmelte Herr Sonderegger und schüttelte den Kopf. Ob es sich beim Kaffeekapseldieb wirklich um Järmann handelte, war unklar. Fest stand, Järmann benahm sich in letzter Zeit sonderbar. Genauer gesagt seit dem Weihnachtsessen, wo Järmann und Kummer für ihre langjährigen Verdienste in der Firma ausgezeichnet wurden. Der Abend wurde für Järmann zum karrieretechnischen Fiasko. Statt ihn zu befördern, rief Herr Steiger, sein Chef, Järmann nach vorne und verpasste ihm vor versammelter Mannschaft zwei Ohrfeigen. Einmal Vorhand und einmal Rückhand. Dann schickte er ihn mit einem gezielten Tritt in den

Allerwertesten wieder auf seinen Platz zurück. So zumindest musste es sich für Järmann angefühlt haben, als Steiger ihn zum Dank für seine Arbeit erst einen Kugelschreiber und dann seine Hand reichte. Handschlag für Järmann, Ritterschlag und Beförderung zum Abteilungsleiter für Köbi Kummer. Es war in der Abteilung ein offenes Geheimnis gewesen, dass sowohl Järmann wie auch Kummer mit dieser Stelle geliebäugelt hatten. Beide hatten die gleiche Ausbildung absolviert, arbeiteten ungefähr gleich lange in der Firma und wiesen einen ähnlichen Leistungsausweis auf. Kein Zweifel, es war eine fette Kröte, die Järmann zu schlucken hatte.

Kummer gefiel sich in der neuen Chefrolle und seine Präsenzzeiten stiegen merklich. Neuerdings drückte er um sieben Uhr morgens die Starttaste seines Computers anstatt die Snooze-Taste seines Weckers. Järmann hingegen glänzte fortan mit Abwesenheit und Verspätungen. War er da, fiel er auf mit überrissenen Forderungen. Im Gespräch mit Kummer und Steiger befand Järmann, dass er einen eigenen Dienstwagen bräuchte. Er schob einen Prospekt über den Tisch und pochte mit dem Zeigefinger auf das gewünschte Modell. Mit Blick auf den knapp sechsstelligen Frankenbetrag hob Steiger verwundert die linke Augenbraue. Die rechte Augenbraue folgte einen Moment später. Järmann hatte eben angefügt, dass er auch über eine Lohnerhöhung diskutieren wolle.

Überteuerte Autos, überrissene Forderungen und fehlende Kaffeekapseln blieben am Arbeitsplatz ein Dauerthema – und plötzlich auch zu Hause. Hatte sich Kummers Ehefrau Lisbeth anfänglich über seine Beförderung gefreut, verfolgte sie nun seinen beruflichen Eifer mit gemischten Gefühlen. Kummer war viel weg und sogar, wenn er zu Hause war, schienen sich seine Gedanken um Buchhaltungen und Erfolgsrechnungen zu drehen. Als sie sich neulich zum Mittagessen trafen, liess Lisbeth

Kummer geschlagene 20 Minuten warten. Beim Essen dann verkündete Lisbeth, dass sie unbedingt ein Zweitauto bräuchten und – bevor Kummer etwas erwidern konnte – dass das Haushaltsgeld nirgendwo hinreiche und sie dringend mehr benötige. Das Déjà-vu liess Kummers Augenbrauen tanzen.

Als sich Kummer am Sonntagmorgen einen Kaffee zubereiten wollte, waren die Kaffeekapseln alle. „Kaffeekapselklauerin!" zischte Kummer und verzog das Gesicht.

Menschen haben einen ausgeprägten Gerechtigkeitssinn. Werden Restaurantbesucher, die nach uns kommen, vor uns bedient, gehen wir auf die Palme. Ungerecht! Das Wissen um dieses Bedürfnis bildet die Grundlage für die **Gleichheitstheorie**, der **Theory of Equity** [23]. John Stacey Adams entwickelte diese Theorie in den Sechzigerjahren, um den Entstehungsprozess von Motivation zu beschreiben. Demnach beanspruchen Menschen für ihre Leistungen stets eine faire Gegenleistung. Sie vergleichen ihren **Input** (Engagement, Aufwand) mit ihrem **Output** (Lohn, Anerkennung, Wertschätzung u.a.). Dieses Verhältnis setzen sie wiederum in Bezug zu ihren Mitmenschen bzw. Mitarbeitern. Die Motivation des Einzelnen hängt davon ab, ob er sich in Relation zu seinen Mitarbeitern gerecht oder ungerecht behandelt fühlt. Dabei wird er sich jeweils an Kollegen mit vergleichbarer Arbeitstätigkeit und ähnlichem Hintergrund orientieren. Fällt der Vergleich zur Bezugsgruppe ungünstig aus, wird der Betroffene Massnahmen ergreifen, um dieses Ungleichgewicht aufzuheben. Entweder er reduziert seinen Input oder er fordert einen höheren Output. Diese Mechanismen spielen auch bei Järmann. Er vergleicht sich mit Kummer, der bis anhin einen ähnlichen Karriereverlauf aufwies, und fühlt sich nach dessen Beförderung ungerecht behandelt. Kompensatorisch reduziert Järmann seinen Input und arbeitet weniger bzw. erscheint häufig zu spät am Arbeitsplatz. Ergänzend versucht er, den vom Unternehmen erhaltenen Output zu erhöhen und fordert einen Dienstwagen sowie mehr Lohn. Entsprechendes Anspruchsdenken äussert sich manchmal auch im Kleinen (oder vermeintlich Kleinen). Mitarbeiter, die ihre Arbeitsbedingungen als unfair erachten, lassen eher mal Büromaterial mitlaufen oder eben auch eine Kaffeekapsel!

Auch Köbi Kummer erlebt nach seiner Beförderung ein Ungleichgewicht. Bloss verhält es sich bei ihm umgekehrt und im Gegensatz zu Järmann steht ihm plötzlich ein höherer Output zu (Lohn, Status, Anerkennung etc.). Möglich, dass ihn diesbezüglich vielleicht sogar ein schlechtes Gewissen plagt. Um die Bilanz wieder ins Lot zu bringen, steigert Kummer seinen Input und arbeitet mehr. Des einen Freud, der anderen Leid. Kummers berufliche Mehrbelastung bringt die eheliche Balance ins Wanken. Lisbeth fühlt sich von Kummer ungerecht behandelt. Sie spürt, dass sie mehr in ihre Beziehung investiert (Input), als sie von Kummer zurückbekommt (Output). In der Folge legt sie ähnliche Verhaltensweisen an den Tag wie Järmann. Die obige Episode lässt erahnen, dass sich die Gleichheitstheorie nicht nur mit der motivationalen Haltung von Mitarbeitern auseinandersetzt, sondern auch zur Erklärung von Beziehungsproblemen beitragen kann. Das Gefühl, in einer Partnerschaft zu kurz zu kommen, zieht oftmals andere, konfliktbehaftete Verhaltensweisen nach sich (z.B. ständiges Zuspätkommen).

Die Anpassung des eigenen Inputs oder der Versuch, den eigenen Output zu verändern, sind die häufigsten Verhaltensweisen bei Menschen, die ein Ungleichgewicht verspüren. Alternativ gibt es auch die Möglichkeit einer kognitiven Verzerrung. Dies bedeutet, dass man einen Input oder Output ab- oder aufwertet. Im vorliegenden Beispiel könnte Järmann sich sagen, dass er vielleicht in den letzten Jahren viel weniger gearbeitet hat als Kummer (Abwertung Input). Oder er könnte feststellen, dass ihm seine momentane Stelle viel mehr Freizeit lässt als jene Stelle, die Kummer erhalten hat (Aufwertung Output). Eine weitere Möglichkeit, mit dem wahrgenommenen Ungleichgewicht umzugehen, ist die Vergleichsperson zu wechseln. Vergleicht sich Järmann mit einem Arbeitskollegen, der sich in der Unternehmenshierarchie unter ihm befindet, dürfte ihm der Umgang mit Kummers Beförderung leichter fallen.

Führungskräfte oder Trainer sollten mit den Grundzügen der Gleichheitstheorie vertraut sein. Wer in seinem Team Ungerechtigkeiten aufkommen lässt, muss mit Motivationsschwierigkeiten und Leistungseinbussen seiner Teammitglieder rechnen.

Das Handeln im Sinne der Gleichheitstheorie ist übrigens nicht dem Menschen vorbehalten. Vergleichbare Verhaltensmuster lassen sich auch in der Tierwelt finden. Zum diesem Schluss kamen zumindest überraschte Forscher, als sie mit Gurkenstücken beworfen wurden [24]! Wie kam es dazu? Ein Affe in einem Käfig erhielt eine einfache Aufgabe. Für das Lösen dieser Aufgabe erhielt er jeweils ein Gurkenstückchen. Dies klappte einwandfrei, bis der Affe bemerkte, dass der Affe nebenan für das Lösen der gleichen Aufgabe jeweils eine Traube erhielt. Danach ging nichts mehr. Polternd und stampfend wurde der Unmut über diese Ungerechtigkeit zur Schau getragen. Die Protestaktionen des Affen mündeten darin, dass die Gurkenstückchen im hohen Bogen zum Testleiter retourniert wurden.

17. DIE FLOW-THEORIE

Köbi Kummer und die zornige Amazone

Köbi Kummer schwitzte. Er war schon knapp zwei Stunden unterwegs. Er krallte sich eine Banane und lief auf die Hängebrücke zu. Sie sah wacklig aus, aber es führte kein Weg an ihm vorbei. Als Kummer sich in der Mitte befand, begannen sich die Brückenseile zu lösen. Die Brücke drohte in den Fluss zu stürzen, wo zwei Krokodile mit weit aufgerissenen Mäulern nach oben schauten. Kummer reagierte blitzschnell. Todesmutig schnappte er sich eine herunterhängende Liane und schwang sich zum rettenden Ufer. Das nächste Level war erreicht. Kummer – der König des Dschungels – legte den Joystick zur Seite und liess sich in den Sessel zurückfallen. Er liebte dieses Spiel. Er wischte sich seine schweissigen Hände an der Hose ab und schnappte sich den Joystick wieder.

„Schatz, Essen ist fertig" ertönte Lisbeths Stimme aus der Küche. Kummer gab ein paar unverständliche Laute von sich und starrte gebannt auf den Bildschirm. Lisbeth hätte auch den Weltuntergang verkünden können und trotzdem Kummers Aufmerksamkeit nicht gewonnen. Einfacher hatte es da der Geier, der ihn gerade mit Kokosnüssen bewarf. Geschickt wich Kummer den Angriffen aus, sprang mit Riesensätzen von Insel zu Insel und holte sich mit einem Triumphschrei die Bonuspunkte. Wie ein Besessener schüttelte und rüttelte er am Joystick herum.

Auch Lisbeths zweiter Aufruf stiess auf taube Ohren. Kummer nahm weder Inhalt noch Stimmlage wahr. Wie Kummer durchlief auch Lisbeth verschiedene Levels. Von „Schatz, Essen ist fertig" zu „Köbi, Essen" über „Jakob" und schliesslich zu „Jakob Ernst" mit gefühlten fünf Ausrufezeichen. Die Nennung von Kummers Mittelnamen verhiess in der Regel nichts Gutes. „Jakob Ernst" war ein zuverlässiger Indikator dafür, dass ein grosser Knall bevorstand. Lisbeth war in solchen Momenten der personifizierte Dampfkochtopf, und nur Kummers unverzügliche Kapitulation hätte eine Explosion abwenden können.

Bloss, Kummer dachte keine Sekunde ans Aufgeben. Er trotzte dem Kanonenkugelgewitter, schwamm einem Schwarm angriffiger Piranhas davon und entledigte sich mit dem Buschmesser den fleischfressenden Pflanzen, die sich an ihm hochschlängelten. Als er gierig seine Hand nach dem nächsten Bananenbündel austreckte, wurde es plötzlich dunkel. Mit weit aufgerissenen Augen wandte Kummer den Kopf zur Seite und erblickte eine Amazone: Lisbeth, die eine Hand in die Hüfte gestützt und mit der anderen Hand das ausgesteckte Stromkabel zu Kummers Computer haltend. Augenblicklich wurde aus dem todesmutigen Dschungelkönig der kleinlaute Köbi. Statt sich in die ewige Bestenliste einzutragen, wurde er zum Händewaschen geschickt.

Psychologiedozenten fürchten sich vor einem Mann. Besser gesagt, nicht vor ihm, sondern vor seinem Namen. Der Aussprache seines Namens, wenn man es genau nimmt. Mihály Csíkszentmihályi heisst er, und das Aussprechen seines Namens ist wahrlich ein Zungenbrecher. Der ungarische Professor spielt gewissermassen in der Champions League der Psychologen und seine Theorien dürften deshalb Bestandteil jeder (motivations-)psychologischen Vorlesung sein. Csíkszentmihályi gilt als Begründer der **Flow-Theorie** (engl. „Fliessen, Rinnen, Strömen") [25]. Im Fokus steht dabei das Gefühl der völligen Vertiefung und des Aufgehens in einer Tätigkeit.

Auf deutsch ist oftmals von einem **Schaffens- oder Tätigkeitsrausch** die Rede. Anhand von Computerspielen lässt sich die Wirkungsweise des Flows schön illustrieren. Der Aufbau solcher Spiele beinhaltet Gesetzmässigkeiten, die das Auftreten eines Flows begünstigen und den Spieler entsprechend an das Spiel binden. Typischerweise sieht sich der Spieler mit einer raschen Abfolge von Aufgaben konfrontiert, die ein mittleres Schwierigkeitsniveau aufweisen. Die Aufgaben stellen eine Herausforderung dar, sind aber in der Regel lösbar. Anfänglich muss der Grad der Herausforderung gar nicht so hoch sein. Tetris, ein Klassiker unter den Computerspielen, verdeutlicht dies. So fällt dem Spieler das Drehen und Platzieren der unterschiedlichen geometrischen Figuren am Anfang relativ leicht. Eine sukzessive und lustvolle Steigerung erfährt er durch die Temposteigerung. Bei der Konzeption entsprechender Spiele sollten zu rasch auftretende Überforderungen vermieden werden. Misserfolge können zu einem Unterbruch des Flow-Erlebens führen. Csíkszentmihályi spricht in diesem Zusammenhang von einem **Flow-Kanal**. Demzufolge steigt die Flow-Wahrscheinlichkeit bei Aufgaben, die weder eine Über- noch Unterforderung beinhalten. Idealerweise befinden sich also Anforderungen und Fähigkeiten im Gleichgewicht. Voraussetzungen für das Flow-Erleben sind zudem, dass 1) der Ausübende sich auf sein Tun konzentrieren kann, 2) das Ziel in der Aktivität selbst liegt und 3) die Aktivität dem Ausübenden eine direkte Rückmeldung gibt. Mit Blick auf diese Kriterien, befindet sich Kummer augenscheinlich im Flow. Typisch für das Flow-Erleben sind zudem ein Gefühl der Kontrolle, eine Verschmelzung von Handlung und Bewusstsein (Kummer fühlt sich während dem Spielen tatsächlich als Dschungelkönig) und nicht zuletzt auch eine veränderte Zeitwahrnehmung. Letzteres sehr zum Leidwesen seiner Ehefrau.

Flow-Erleben entsteht natürlich nicht nur beim Spielen von Computergames. Tätigkeiten, die mit dem Flow in Verbindung gebracht werden, sind beispielsweise Motorradfahren, Skifahren, Klettern oder Ausdauersportarten wie Laufen, Schwimmen oder Fahrradfahren. Der Flow ist ein komplexes Phänomen und es liegen keine Patentrezepte vor, wie man in diesen Zustand gelangt. Gleichwohl berichten Läufer, dass sie bei langen Läufen im mittleren bis höheren Intensitätsbereich – 75-80 % der maximalen Herzfrequenz – nach rund 15–20 Minuten in einen Flow geraten und das Laufen dann wie von selbst geht. Eine Studie mit Schwimmern verdeutlicht den Zusammenhang zwischen intrinischer Motivation und Flow-Erleben[26]. Teilnehmer, die intrinsisch motiviert sind, bei denen also die Freude am Schwimmen im Vordergrund steht, berichteten häufiger von Flowerlebnissen. Gestützt auf solche Befunde spekulieren Experten, ob der Flow bei Leistungssportlern seltener auftritt als bei Breitensportlern. Im Leistungssport verdrängen oftmals Konkurrenzdenken oder das Streben nach Preisgeldern die intrinsische Motivation. Lässt die Freude an der Tätigkeit selbst nach, fehlt eine wichtige Voraussetzung für den Flow.

Flow-Erleben ist auch am Arbeitsplatz möglich. Arbeiten wie im Rausch – das tönt für Arbeitnehmer und -geber verlockend. Wie angedeutet, stellt sich der Flow nicht auf Knopfdruck ein. Der Flow ist ein Zustand und keine Technik, die sich erlernen lässt. Immerhin kann die Wahrscheinlichkeit für Flowerlebnisse gesteigert werden, indem man geeignete Rahmenbedingungen schafft. In erster Linie gilt es, Störelemente zu beseitigen. Wer durch hereinplatzende Kollegen, piepsende Mailprogramme und klingelnde Mobiltelefone ständig unterbrochen wird, gerät nicht in den Flow. Des Weiteren braucht es bisweilen eine herunterhängende Liane oder ein Bananenbündel am Wegrand. Sprich realistische, herausfordernde Teilziele, die Lust auf mehr machen.

Übrigens, falls Sie Psychologiedozent sind, und der besagte ungarische Professor im Zentrum ihrer nächsten Vorlesung steht, nachfolgend eine kleine Aussprachehilfe: Mihály Csíkszentmihályi hört sich in etwa an wie die englische Wortfolge *Me-high Chick-sent-me-high.*

18. DAS PHÄNOMEN EGO-DEPLETION

Köbi Kummer und das seelige Dauergrinsen

E. sass selbstzufrieden auf Köbi Kummers rechter Schulter und lächelte fromm vor sich hin. Er flatterte kurz mit den Flügeln und warf einen Blick rüber zu T., der schmollend auf Kummers linker Schulter Platz genommen hatte. T. kratzte sich am rechten Horn und verstand die Welt nicht mehr. Normalerweise verliefen die Abendessen mit Kummers Schwiegereltern nach T.s Drehbuch. Kummers cholerisches Wesen kam jeweils gut zur Geltung. Nach wenigen Minuten schon pflegten Kummer und sein Schwiegervater, sich üble Wortgefechte zu liefern. Diplomatische Floskeln und gute Manieren wurden schnell abgelegt. Selbstbeherrschung? Fehlanzeige!

Je länger der Abend, desto böshafter wurde Kummer. Ganz nach T.s Geschmack. Schickte sich E. an zu intervenieren, reichten zwei bis drei Ermutigungen von T. und Kummer spie wieder Gift und Galle. Doch heute war alles anders. Kummer war die Ruhe selbst und hatte ein seeliges Dauergrinsen aufgesetzt. T. war überzeugt, dass Kummers sonderbares Verhalten mit dem Ärgermanagementkurs von neulich zusammenhing. Als Kummers Schwiegervater die Abstimmungsvorlage aufgriff, schöpfte T. Hoffnung. Politik – ein Heimspiel, da war sich T. sicher. Bei diesem Thema waren sich die beiden schon wiederholt in die Haare geraten. „Zeig diesem Schwätzer, wo's lang geht!" animierte T. seinen Schützling. Voller Vorfreude rieb sich T. die Hände. Beim letzten Familienfest hatte Kummers Schimpfworttirade dazu geführt, dass Ehefrau Lisbeth dem anwesenden Enkelkind erschrocken die Ohren zuhalten musste. „Ruhig, Köbi", flötete E. und ergänzte: „Zähl zuerst auf zehn und versuch dann auf seinen Standpunkt einzugehen." Köbi blendete T.s Gefuchtel aus und zählte artig auf zehn. Dann faltete er seine Hände und betrachtete seinen Schwiegervater so, als handle es sich um einen spielenden Bernhardinerwelpen.

Als die Serviertochter mit der Dessertkarte auf Kummers Tisch zusteuerte, witterte T. seine letzte Chance. „Eine Portion Obst oder einen Coupe Romanoff zum Nachtisch? " E. fuhr sich durch das wallende Haar und wandte sich milde lächelnd an Kummer: „Denk an Dein Cholesterin, Köbi. Denk an Deine Ernährungsvorsätze." „Romanoooofff!!" schrie T. und klang dabei wie ein russischer Feldherr, der seine Soldaten in die Schlacht führte. „Lass Dich nicht von diesem Scheinheiligen einlullen!" enervierte sich T. lautstark. Köbi zögerte einen Moment und antwortete: „Obst." Und nach einer kurzen Pause: „Obst hatte ich schon zum Frühstück. Bringen Sie mir den Romanoff." T. grinste, ballte die Faust und flüsterte Kummer noch etwas ins Ohr. Kummer nickte und rief nach der Serviertochter, die sich schon abgewandt hatte: „Mit einer Extraportion Rahm, bitte!"

T. war wieder auf der Siegerstrasse. Einmal mehr.

Selbstkontrolle ist anstrengend. Der Psychologe Roy Baumeister und seine Arbeitsgruppe haben sich mit dieser Thematik auseinandergesetzt und dazu verschiedene psychologische Experimente durchgeführt. Personen, die sich zu einer Handlung zwingen mussten, bekundeten bei Folgeaufgaben Mühe, erneut ein hohes Mass an Selbstkontrolle an den Tag zu legen. Dieses Phänomen wird **Ego-Depletion** (Selbsterschöpfung oder Ich-Entleerung) genannt [27]. Werden Versuchspersonen aufgefordert, ihre Emotionen beim Schauen eines emotional aufwühlenden Films zu unterdrücken, so schneiden sie bei einem anschliessenden Ausdauertest schlechter ab als Versuchspersonen, die ihren Emotionen freien Lauf lassen konnten [27]. Die Ausübung von Selbstkontrolle im ersten Teil des Experiments verringert den Durchhaltewillen bei der nachfolgenden, körperlich anspruchsvollen Aufgabe. „Selbsterschöpfte“ Menschen geben schneller auf. In einem anderen Experiment liess man Versuchspersonen Rettich und Sellerie essen [28]. Nun haben beide ja durchaus ihren Reiz. Knifflig wird es aber dann, wenn den Versuchteilnehmern zeitgleich feine Schokolade und leckere Kekse präsentiert werden und sie diesen süssen Verlockungen möglichst widerstehen müssen. Eine Aufgabe, die nicht nur Chocoholics ein hohes Mass an Selbstkontrolle abverlangen dürfte. Konfrontiert man diese Personen im Anschluss mit schwierigen Denkaufgaben, so geben sie schneller auf als Personen der Vergleichsgruppe. Den Mechanismen der Ego-Depletion erliegt auch Köbi Kummer. Nachdem er sich beim Nachtessen mit seinen Schwiegereltern ungemein zusammenreissen musste, ist seine Selbstkontrolle erschöpft. Bei der Wahl des Desserts kann er seine natürliche Neigung nicht mehr unterdrücken und wirft seine Ernährungsvorsätze über den Haufen.

In seinen Experimenten kommt Baumeister zum Schluss, dass das Phänomen der Ego-Depletion bereichsübergreifend wirkt. Das heisst, Herausforderungen körperlicher Natur beeinflussen mentale Aufgaben und umgekehrt. Parallen zwischen diesen Aufgabentypen gibt es auch bei der Energiebereitstellung. Wie herkömmliche Sportler sind auch Denksportler auf Glukose (Traubenzucker) angewiesen. Die Auseinandersetzung mit schwierigen Problemen oder eben Tätigkeiten, die ein hohes Mass an Selbstkontrolle verlangen, führen dazu, dass der Blutzuckerspiegel sinkt. Mit Blick auf diesen Zusammenhang stellt sich die Frage, ob die Aufnahme von Glukose die Ego-Depletion verringert oder gar eliminiert. Verändert man das Studiendesign der obigen Experimente, so wird klar, dass dem tatsächlich so ist [28]. Die eine Hälfte der Versuchspersonen erhielt zwischen dem ersten und zweiten Teil des Experiments mit Glukose angereicherte Limonade. Die andere Hälfte konsumierte Limonade, die mit Süssstoff versetzte war. Der Wiederanstieg des Blutzuckerspiegels führte dazu, dass die Glukose-Gruppe auch im zweiten Teils des Experiments eine hohe Selbstkontrolle an den Tag legte. Bei der Süssstoff-Gruppe hingegen kam es zu den erwarteten Effekten der Ego-Depletion.

Die Ergebnisse einer aufsehenerregende Studie aus dem Berufsalltag weisen in dieselbe Richtung [29]. Die Urteile von acht israelischen Bewährungsrichtern wurden in Relation zu ihren Essenspausen gesetzt. Die Richter verbrachten den ganzen Tag damit, Anträge auf bedingte Entlassung zu prüfen. Die Standardentscheidung war die Ablehnung eines entsprechenden Antrags. Gesamthaft wurden nur 35 % der Gesuche gutgeheissen. Setzt man die Entscheide jedoch in Bezug zu den Essenspausen, so fällt auf, dass direkt nach dem Essen die Annahmewahrscheinlichkeit bei 65 % lag. Diese Quote sank dann kontinuierlich und lag unmittelbar vor der nächsten Mahlzeit bei Null. Hungrige und müde Richter entschieden sich eher für die Standardvariante. Im Sinne der Ego-Depletion tendierten sie zur naheliegenden Lösung und brachten vermutlich weniger mentale Energie auf, um sich tiefergreifend mit dem Fall auseinanderzusetzen.

Hintergrundwissen zur Ego-Depletion kann im Alltag von Vorteil sein. Schreibt sich jemand für eine mündliche Prüfung ein, könnten sich Überlegungen zur Prüfzeit und damit zur Motivationslage der Examinatoren auszahlen. In Anlehnung an die Studie mit den Bewährungsrichtern gilt es abzuklären, wie die Prüfung standardmässig bewertet wird. Weisen die Ergebnisse aus dem Vorjahr darauf hin, dass die Mehrheit der Studenten die Prüfung besteht oder umgekehrt? Handelt es sich um eine strenge Prüfung mit hoher Durchfallrate, könnte eine Prüfzeit am frühen Morgen sinnvoll sein. Theoriegeleitet müsste die Durchfallrate zum Mittag hin ansteigen. Bei einfachen Prüfungen mit geringer Durchfallrate erscheint eine Prüfzeit kurz vor dem Mittagessen angebracht. Entscheiden die hungrigen Examinatoren bei der Notenvergabe dann im Sinne der Standardentscheidung, lassen sie einen Studenten auf der Kippe eher bestehen. So zumindest will es die Theorie. Wer bei Prüfungen mit geringer Durchfallrate am frühen Morgen antrabt, muss vielleicht mit kritischeren und strengeren Examinatoren rechnen. In diesem Fall beissen die Hunde für einmal den Ersten statt den Letzten.

19. DIE THEORIE DES ÜBERLEGTEN HANDELNS

Köbi Kummer und der rosarote Velohelm

Kummers Hemd war hellblau. Eigentlich. Zumindest als er am Morgen seine Wohnung verliess. Nun war es mehrheitlich dunkelblau. Der ungewollte Dauerlauf in der Mittagshitze vom Parkplatz zum Büro hatte deutliche Spuren hinterlassen. Kummer blickte an sich hinunter und ahnte, dass sein Hemd nebst neuen Farbtönen auch eine andere Duftnote erhalten hatte. Ob dem wirklich so war, konnte er jedoch nicht beurteilen. Das Atmen durch die Nase war ein Ding der Unmöglichkeit. Der abschliessende Treppenlauf hoch zur Chefetage hatte seinen Tribut gefordert und Kummer hechelte wie ein Hund in der prallen Sonne. Da stand er nun vor dem Büro seines Chefs, zehn Minuten zu spät zur Teamsitzung. Gefühlte zehn Minuten würde er sich auch von seinem Chef anhören müssen, dass ein Zuspätkommen absolut inakzeptabel sei. Steiger, sein Chef, hasste Verspätungen. Kummer fluchte innerlich. Er verfluchte die chronisch verstopfte Ringstrasse. Er verfluchte seine Frau Lisbeth, die ihn gebeten hatte, in der Innenstadt das Geburtstagsgeschenk für die Enkeltochter zu kaufen. Er verfluchte die Sportartikelverkäuferin, deren Bedientempo alles andere als sportlich gewesen war. Und er verfluchte diesen rosaroten Velohelm, den er nun in den Händen hielt.

Kummer legte seine Hand auf die Türklinke und schloss kurz die Augen. Es war der Moment, bevor man das Pflaster abreisst. Der Moment, bevor man mit der Nadel auf den Ballon einsticht. Er öffnete die Augen und trat ein. Steigers Kopf schnellte zur Seite und seine Augen weiteten sich. „Kummer!" dröhnte es Sekunden später und Köbi Kummer rang nach Luft und nach Ausreden. Letztere waren zu Kummers Erstaunen für einmal nicht nötig. Denn nur einen Moment später ergänzte Steiger anerkennend: „Alle Achtung, Kummer!" Er wies mit dem Kinn auf den Velohelm, den Kummer in der Hand hielt, und wandte sich an die anderen Sitzungsteilnehmer: „Nehmt Euch ein Beispiel an Kummer, der kommt mit dem Fahrrad zur Arbeit!" Steiger fuhr fort und philosophierte über Sport, frische Luft, Vorbildcharakter und Umweltschutz. Mit Blick auf Kummers schweissgetränktes Hemd schloss er mit den Worten: „Sie Pfundskerl! Sie geben beim Radeln aber mächtig Gas!" Kummers Arbeitskollegen nickten anerkennend. Die Tatsache, dass ein rosaroter Velohelm mit Pony-Aufklebern und ein fünfzigjähriger Buchhalterschädel nicht so recht zusammenpassten, schien seinem Chef nicht aufzufallen. Kummer, dessen Sauerstoffbilanz wieder im Lot war, wollte die Dinge richtigstellen. Da bemerkte er den Blick der zwanzigjährigen Praktikantin. Eine Mischung aus Überraschung und Bewunderung. Kummer hielt inne und posierte mit dem Velohelm. Eigentlich fehlten nur noch zwei Schönheitsköniginnen, die ihn in Tour-de-France-Manier in die Mitte nahmen und mit Küsschen eindeckten.

Es war die Geburtsstunde von „Köbi, dem Velofahrer". Am gleichen Tag noch brachte Kummer seinen Drahtesel auf Vordermann. Fortan radelte er täglich zur Arbeit. Je länger je mehr überzeugten ihn Steigers Argumente und als seine Kollegen sich in der Kaffeepause über den morgendlichen Stau beklagten, grinste Kummer über beide Ohren. Lisbeth war sichtlich stolz auf ihren Köbi und erzählte ihren Freundinnen beim Kaffeeklatsch von seinen Rennfahrerqualitäten. Steiger, selbst ein passionierter Radfahrer, gab sich betont kollegial und begrüsste Kummer bei jeder Gelegenheit mit einer „High-five" Geste. Während dies bei zwanzigjährigen Basketballspielern cool aussieht, wirkte es bei Anzugträgern im mittleren Alter eher albern. Kummer störte dies wenig. Überhaupt ergaben sich aus der Episode nur Vorteile für ihn. Abgesehen vielleicht vom Jahresendanlass, wo er ein Geschenk für seine langjährigen Verdienste erhielt. Mit dem eingerahmten Pony-Poster, das seither in seinem Büro hängt, tut sich Kummer sichtlich schwer.

In den Siebzigerjahren begründeten die Psychologen Icek Ajzen und Martin Fishbein die **Theorie des überlegten Handelns** [30]. Demnach entscheiden die **Einstellung** und die **subjektive Norm**, ob sich jemand zu einem bestimmten Verhalten motivieren lässt. Bei der subjektiven Norm steht die Meinung der Mitmenschen im Zentrum. Unterstützen wichtige Bezugspersonen mein Verhalten oder lehnen sie es eher ab? Kummer spürt deutlich, wie sein Chef, seine Mitarbeiter und auch seine Ehefrau es gut finden, dass er zur Arbeit radelt. Diese Unterstützung motiviert ihn, es tatsächlich auch zu tun. Der zweite Baustein bei der Motivationsbildung ist die Einstellung zum Verhalten. Köbi Kummer hat bzw. entwickelt eine positive Einstellung zum Radfahren. Er lernt verschiedene Vorzüge kennen (z.B. kein morgendlicher Stau) und ist entsprechend motiviert, den Arbeitsweg auch weiterhin mit dem Rad zu bewältigen.

„Gemessen wirst du nur an deinen Taten und nicht an deinen guten Absichten", bemerkt der deutsche Publizist Joachim Panten treffend. Zu diesem Schluss gelangt auch Icek Ajzen, der Begründer der Theorie des überlegten Handels. Im Rahmen seiner Studien musste er feststellen, dass sein Modell Lücken aufwies. Oftmals bewirkten Einstellungen und subjektive Normen zwar eine Verhaltensabsicht, nicht aber das tatsächliche Verhalten. Für Ajzen war dies unbefriedigend. Wer legt denn nun Eier und wer gackert nur? Um dies vorherzusagen, erweiterte Ajzen sein bestehendes Modell und begründete die **Theorie des geplanten Verhaltens**[31]. Diese beinhaltete nebst der Einstellung zum Verhalten und der subjektiven Norm einen dritten Faktor: die wahrgenommene Verhaltenskontrolle. Dabei geht es um die Überzeugungen einer Person, wie leicht oder schwer ein Verhalten für sie auszuüben ist. Beispielsweise nimmt sich jemand vor, regelmässig joggen zu gehen. Die Person weiss, dass Joggen ihr Wohlbefinden steigert (Einstellung) und sie nimmt die Unterstützung ihrer Familie wahr (subjektive Norm). Gleichwohl spürt sie, dass sie den Willen und die Disziplin nicht aufbringt, ihr Vorhaben in die Tat umzusetzen. Die wahrgenommene Verhaltenskontrolle macht ihr einen Strich durch die Rechnung. Grundsätzlich gibt es internale und externale Barrieren, die die wahrgenommene Verhaltenskontrolle beeinflussen. Internale Barrieren sind beispielsweise Persönlichkeitszüge (z.B. Willensstärke, Disziplin u.a.), Gewohnheiten oder auch frühere Erfahrungen in vergleichbaren Situationen („letztes Mal habe ich es auch nicht geschafft“). Externale Barrieren beziehen sich auf die Rahmenbedingungen. Dazu gehören beispielsweise Geld und Zeitmangel, aber auch organisatorische oder gesundheitliche Probleme. Äussere Faktoren also, die einem Vorhaben im Wege stehen können. Sollen den Worten Taten folgen, tut man gut daran, sich frühzeitig mit den internalen und externalen Barrieren auseinanderzusetzen. Wie reagiere ich, wenn sich der innere Schweinehund lautstark zu Wort meldet? Wie führe ich meine Agenda, damit Geschäfts- und Joggingtermine Platz finden? Wer sich diesen Fragen im Vorfeld stellt, steigert seine wahrgenommene Verhaltenskontrolle.

In der vorgängigen Episode rund um Köbi Kummer entpuppt sich die subjektive Norm als Schlüsselkomponente. Es wird deutlich, dass Führungskräfte wünschenswertes Verhalten ihrer Mitarbeiter aktiv unterstützen oder noch besser – im Sinne von Top-Down-Prozessen – vorleben sollen. Die Wichtigkeit subjektiver Normen zeigt sich auch in anderen Settings. In einem therapeutischen Kontext beispielsweise ist es von übergeordneter Wichtigkeit, dass der Betroffene die Unterstützung seines Umfelds wahrnimmt. Entsprechend gilt es, Familie und Freundeskreis von Beginn weg in die Therapie zu integrieren. Wichtig ist es jeweils, die zentralen Bezugspersonen zu identifizieren. Nehmen wir zum Beispiel eine ältere Frau, die mit Krafttraining anfangen möchte. Wie reagiert ihr Umfeld? Erntet sie von ihrem Ehepartner nur Unverständnis und Kopfschütteln, dann ist das Gift für die Motivation. Das Projekt ist zum Scheitern verurteilt. Auch die Werbung orientiert sich an der Theorie des geplanten Verhaltens und schraubt eifrig an den subjektiven Normen. Greift das Fussballidol im Werbespot zum schwarzen Süssgetränk, beeinflusst dies die subjektive Norm und damit die Kaufbereitschaft seiner Anhänger.

Köbi Kummer mausert sich im Laufe der Episode zum Radfahrer. Die Einstellung und die soziale Norm führen zumindest kurzfristig dazu, dass er jeden Morgen in die Pedale tritt. Motivationspsychologisch spannend ist die Frage, ob diese Verhaltensänderung auch langfristig bestehen bleibt. Was passiert in ein paar Monaten? Sinkt mit den Temperaturen auch seine Motivation? Entscheidend dürfte dabei die von ihm wahrgenommene Verhaltenskontrolle sein. Findet er Strategien, um auftretende Barrieren zu überwinden, bleibt er „Köbi der Velofahrer". Gelingt ihm dies nicht, ist er bald wieder beim allmorgendlichen Hupkonzert auf der Ringstrasse dabei.

20. DAS PHÄNOMEN DER REAKTANZ

Köbi Kummer und das Wundermittel

Rituale sind wichtig. Sie geben Halt. Sie sind die Inseln der Belohung im strengen Alltag. Und so gönnt sich der Mensch Süsses auf Saures, die Zigarette danach und das Gläschen in Ehren. Letzteres konnte Köbi Kummer definitv nicht verwehren. Allabendlich liess er sich mit einem Rotweinglas in der Rechten und der Fernbedienung in der Linken in seinen Lieblingssessel plumpsen. Als sich Kummer neulich eingenistet hatte, blickte Lisbeth von ihrer Zeitschrift auf und wandte sich an ihn: „Du Köbi, hier steht was Interessantes in der Gesundheitsrubrik." Kummer drehte den Kopf im Zeitlupentempo und erhöhte damit seinen durchschnittlichen Bewegungsradius nach Feierabend um ein Vielfaches. Er blickte Lisbeth und ihren erhobenen Zeigefinger grimmig an und spürte eine Moralpredigt kommen. Er ahnte, dass sein Gesundheitsverhalten und das im Zeitschriftenartikel empfohlene diametral auseinanderlagen. „Du machst ja alles richtig, Köbi!" erstaunte sich Lisbeth. Kummer glaubte, seinen Ohren nicht zu trauen. Er konnte sich nicht erinnern, wann er so einen Ausspruch zum letzten Mal von Lisbeth gehört hatte. Schon gar nicht im Zusammenhang mit einem gesundheitsrelevanten Thema. „Rotwein ist gut für den Blutdruck!" fuhr Lisbeth fort und berief sich dabei auf die Halbgötter in Weiss. Kummer grinste über beide Ohren und Lisbeth schob schnell nach, dass die Rede von einem Gläschen und nicht von einem Fläschchen war.

Lisbeth nahm sich den Artikel zu Herzen und versorgte Kummer fortan mit seiner Medizin. Kaum lief Kummer Richtung Stube, tanzte Lisbeth mit einem Glas Wein an. Und als er neulich nach einem Marathontag nur noch ins Bett schleichen wollte, flötete Lisbeth aus dem Nebenzimmer: „Köbi, vergiss Deinen Wein nicht!" Auch sie selber fand Gefallen am neuen Wundermittel. Merlot und Rioja liefen Earl Grey und Darjeeling den Rang ab. Nach ein paar Wochen winkte Kummer plötzlich ab. Statt roten Wein wolle er jetzt grünen Tee! Dieser sei gut im Kampf gegen die freien Radikalen. „Gehören die auch zur Piratenpartei?" wollte Lisbeth wissen. Kummer schüttelte genervt den Kopf und erzählte Lisbeth von dieser Doku, die er gesehen hatte. Freie Radikale seien energiereiche Moleküle, welche die Zellen angreifen. Dies könne unter anderem auch zu Bluthochdruck führen. Lisbeth hörte interessiert zu, konstatierte aber am Schluss: „Ich bleibe beim Rotwein!"

Am nächsten Abend sass Kummer vor einer Tasse siedendem Grüntee. Als Lisbeth und er sich zuprosteten, verzog Kummer das Gesicht. Das Aufeinandertreffen von edlem Kristallglas und Supermarkt-Teebecher erzeugte einen Klang, der offensichtlich falsch war. „Offensichtlich falsch" – dieses Prädikat passte zur ganzen Situation, fand zumindest Kummer. Er nippte an seinem Tee und sah zerknirscht hinüber zu Lisbeth. Die Neo-Weinkennerin hatte eben mit ihrem Glas kreisende Bewegungen vollzogen. Mit gespitzten Lippen nahm sie den 94er-Tropfen zu sich und schwärmte voller Entzückung vom fruchtig, intensiven Bouquet. Kummer blickte auf seinen Teebecher und wusste in diesem Moment: Etwas war schief gelaufen! Mächtig schief!

Chef, Agenda und Stossverkehr bestimmen Köbi Kummers Alltag. Von 8 bis 18 Uhr gehorcht er der Diktatur der Uhr. Zum Ausgleich zieht er sich nach Feierabend in sein Reich zurück. Als Herrscher über Wein und Fernsehprogramm tut er sich mit Eindringlingen schwer. Mit ihrer – eigentlich gut gemeinten – Initiative wird Lisbeth zum Elefanten in Kummers Porzellanladen. Dieser fühlt sich in seiner Entscheidungsfreiheit eingeschränkt. Er möchte keinen Wein vorgesetzt bekommen, sondern will selber entscheiden, wann er welchen Wein trinkt. Der Wunsch nach Selbstbestimmung macht aus dem Wein- einen Teetrinker. Psychologen zufolge zeigt Kummer ein reaktantes Verhalten[32]. **Reaktanz** umschreibt eine Abwehrreaktion, die als Widerstand gegen äussere oder innere Einschränkungen verstanden werden kann. Vielfach zeigen Menschen Reaktanz, wenn sie bedroht werden oder das Gefühl haben, ihr Entscheidungsspielraum werde eingeschränkt. Die obige Episode verdeutlicht, dass Reaktanzreaktionen zuweilen nicht rational sind. Im Grunde würde Kummer ja viel lieber Rotwein als Grüntee trinken!

Reaktantes Verhalten lässt sich auch in Konsumentenkreisen beobachten. Allzu penetrante Werbestrategien können einen gegenteiligen Effekt nach sich ziehen. Kosumenten empfinden eine Werbekampange dann als Eingriff in die persönliche Entscheidungsfreiheit. In der Folge legen sie ein reaktantes Verhalten an den Tag und beschliessen, ein Produkt bewusst nicht zu kaufen.

Auch im Zuge betrieblicher Veränderungen tritt häufig Reaktanz auf. Eine anstehende Unternehmensfusion kann bei Mitarbeitenden einen Gesinnungswandel herbeiführen. Wurde bis anhin in jeder Kaffeepause über das eigene Unternehmen und den Chef gelästert, entdecken die gleichen Mitarbeiter plötzlich die positiven Seiten ihrer Firma. Genau jene Unternehmenskultur, über die ständig hergezogen wurde, soll nun um jeden Preis bewahrt werden. Die Unternehmensfusion dient als Beispiel für eine von aussen herangetragene Veränderung. Diese fremdbestimmte Umstrukturierung schürt Ängste und führt zu Widerstand. Die Mitarbeiter befürchten Einschränkungen ihrer Entscheidungsspielräume und legen ein reaktantes Verhalten an den Tag. Die Reaktanz zeigt sich im **Aufwerten der eliminierten Alternative** (= Festhalten an den bisherigen Vorgängen und Prozessen).

Das Aufwerten der eliminierten Alternative wird umgangssprachlich auch als „Jetzt-erst-recht"-Effekt bezeichnet. Eltern kennen diesen Effekt nur zu gut. Verbietet man einem Kind eine bestimmte Süssigkeit, wird es einem beim nächsten Supermarktbesuch genau wegen dieser Süssigkeit in den Ohren liegen. Augenzwinkernd raten Ernährungsberater den Eltern deshalb, ihren Kindern Brokkoli zu verbieten! „Jetzt erst recht", sagen sich aber beileibe nicht nur Kinder. Das schwer Erreichbare, das Verbotene oder das bald Verschwundene reizt auch Erwachsene. Dessen war sich auch Mark Twain bewusst und schlussfolgerte: „Adam war ein Mensch: Er wollte den Apfel nicht des Apfels wegen, sondern nur, weil er verboten war." Auch die tragische Geschichte um Romeo und Julia lässt sich mit Hilfe der Reaktanztheorie deuten. Die elterlichen Verbote lösen bei den beiden Reaktanz aus. In der Folge steigt die gegenseitige Attraktivität (Aufwertung der eliminierten Alternative) und die beiden sehen sich gegen den Willen der Eltern (Wiedererlangen der eingeschränkten Freiheit).

Reaktanz tritt auch im Umgang mit Medien auf. In den USA müssen gewalttätige Filme mit einer Warnung versehen werden. Vor dem Hintergrund der Reaktanztheorie vermuteten Psychologen, dass Nutzer diese Warn-Labels als Bevormundung interpretieren, sich auflehnen und sich dann öfters solche Filme ansehen. Tatsächlich wiesen Wissenschaftler einen solchen Bumerang-Effekt nach [33]. Aggressive Filme, die mit einer Warnung gekennzeichnet waren, wurden attraktiver eingestuft als aggressive Filme ohne Warnung.

Abschliessend steht noch die Frage im Raum, ob denn Rotwein tatsächlich blutdrucksenkend wirkt. Die gute Nachricht vorweg: Ein Gläschen Rotwein pro Tag scheint nicht zu schaden. Ob's denn was nutzt, muss angezweifelt werden. Neuere Studien legen zwar nahe, dass es im Rotwein pflanzliche Stoffe gibt, die einen blutdrucksenkenden Effekt bewirken, gehen umgekehrt aber davon aus, dass der Alkohol diesen Effekt wieder neutralisiert [34]. Entsprechend lautet die Empfehlung, auf ein Gläschen alkoholfreien Wein umzusteigen. Natürlich ist dies eine rein medizinische Empfehlung. Ob diese Empfehlung auch geschmackstechnisch Sinn macht, muss jeder für sich selbst entscheiden.

21. DAS ELABORATION-LIKELIHOOD-MODELL

KöBI KUMMER und der Tennisgott

Köbi Kummer glich einem Kind bei seinem ersten Zirkusbesuch. Mund und Augen waren zu einem „O" geformt. Voller Bewunderung sah er zu ihm hoch. Er war es! Er, der bei den Schweizer Exportschlagern ganz oben rangierte, irgendwo zwischen Schweizer Schokolade und Schweizer Käse. King Roger! Der Tennisgott. Kummer trat einen Schritt näher ran und stand jetzt unmittelbar vor ihm. Dann fuhr er seinen rechten Zeigefinger raus und betatschte damit Rogers Nase. Dieser ertrug Kummers Fummelei mit stoischer Ruhe. Kein Wunder, handelte es sich doch bloss um eine lebensgrosse Pappfigur des Tennismeisters. Umzingelt von Kaffeemaschinen posierte dieser grinsend in der Hauswarenabteilung des Supermarkts. Dass Roger nur knapp 2cm dick war, schien Kummer nicht zu kümmern. Sein Blick glitt entlang Rogers ausgestrecktem, muskulösen Arm bis hin zu seinen kräftigen Fingern. Für einmal hatte er keinen Tennisball in der Hand, sondern eine Kaffeekapsel, Marke Fantastico. „Federer steht also auf Fantastico Kaffee", murmelte Kummer und wusste in dem Moment: Er wollte auch eine Fantastico Kaffeemaschine. Federer und Kummer waren wie Tag und Nacht. Ausser dem roten Pass mit dem weissen Kreuz schienen sie keine Gemeinsamkeiten aufzuweisen. Leider, fand Kummer. Umso mehr wollte er jetzt diese Kaffeemaschine. Zumindest kaffeetechnisch wären Federer und er dann auf Augenhöhe!

Als er sich eine Kaffeemaschine greifen wollte, fuhr ihm plötzlich ein blumiger Parfumduft in die Nase. Kummer drehte sich um und vor ihm stand Anna Schmid, auszubildende Verkäuferin im dritten Lehrjahr. Mit einem Zahnpasta-Werbung-Lächeln beglückwünschte sie Kummer zu seiner Wahl und fügte an: „Sie wissen, dass es die Maschine auch in bordeauxrot gibt und als Premium-Modell mit Roger Federer Goldinschrift?" Kummer war von Verkäuferin und Angebot entzückt. Ungefähr so, als hätte Federer eben einen unerreichbaren Stoppball gespielt.

„Folgen Sie mir!" meinte Frau Schmid. Kummer zögerte keine Sekunde und watschelte hinter der Verkäuferin her. Diese schritt zu einer Stehbar, hantierte flink an der dortigen Kaffeemaschine und ehe sich Kummer versah, hatte er eine Tasse Kaffee in der Hand. Marke Fantastico natürlich. Kummer strahlte und nippte an seinem Kaffee. Kaum hatte er den letzten Schluck genommen, präsentierte ihm Frau Schmid ein Paket: das Premium-Modell, bordeauxrot mit Goldinschrift. Kummer schloss kurz die Augen und war für einen Moment Roger Federer. Unzählige Male hatte er sein Idol schon dabei beobachtet, wie dieser den Siegerpokal in Empfang nahm. Nun war Kummer an der Reihe. Er öffnete die Augen, streckte seine Arme aus und hatte die Dankesrede schon vorbereitet.

In diesem Moment spürte er ein Zwicken im Nacken. Nicht schmerzhaft, aber durchaus unangenehm. Wieder stieg ihm ein weiblicher Parfumduft in die Nase. Dieses Mal weniger blumig, dafür altbekannt. Keine Frage, Lisbeth, seine Ehefrau, stand hinter ihm. Mit der rechten Hand hatte sie ihn am Nacken gegriffen. Der Griff signalisierte eine Mischung aus Fürsorge und Strenge und erinnerte an eine Hundemutter, die ihr Welpen am Nacken packt. „Was machst Du denn?", wollte Lisbeth wissen und musterte Verkäuferin und Paket argwöhnisch. Kummer stammelte was von Federer, Nummer 1 und Goldinschrift. Lisbeth fiel ihm ins Wort und betonte, dass die Fantastico Maschine nicht in Frage käme. Sie zückte ein Plastikmäppchen randvoll mit Prospekten und vollgekritzelten Blättern. „Meine umfangreiche Recherche hat ergeben, dass wir uns die Excellento Maschine kaufen. Die verfügt über einen Dualboiler und hat einen stufenlos verstellbaren Mahlgrad." Kummer verstand kein Wort. Gleichwohl ahnte er, dass sein Idol für ihn unerreichbar bleiben würde. Sogar kaffeetechnisch! Als er an der Kasse stand, sah er sich traurig um. Weit entfernt erblickte er Frau Schmid im Gespräch mit einem neuen Kunden. Dahinter thronte grinsend König Roger.

„Spiel, Satz und Sieg" für Lisbeth. Nach anfänglichem Satzgewinn hatte Kummer das Spiel noch aus der Hand gegeben. Roger Federer wäre das bestimmt nicht passiert!

Die Psychologen Richard Petty und John Cacioppo beschäftigten sich mit Prozessen der Einstellungsbildung und -änderung. Nach welchen Kriterien baut ein Mensch Überzeugungen auf und wann werden diese handlungsleitend? Ein Themenbereich, der natürlich für die Verkaufs- und Werbepsychologie ungemein spannend ist. Um diesen Fragen auf den Grund zu gehen, entwickelten Petty und Cacioppo das **Elaboration-Likelihood-Modell (ELM)** [35]. Eine Grundannahme des Modells besteht darin, dass Menschen ein unterschiedliches Mass an Anstrengung aufwenden, um neue Informationen zu verarbeiten. Das ELM besagt, dass es einen **zentralen und einen peripheren Weg der Informationsverarbeitung** gibt. Beim zentralen Weg interessiert sich der Empfänger vor allem für die Qualität und die Argumente einer Mitteilung. Er hat ein hohes Wissensbedürfnis (sog. need for cognition) und ist motiviert, sich intensiv mit dem Inhalt einer Botschaft auseinanderzusetzen. Neue Informationen werden sorgfältig geprüft und mit bereits vorhandenem Vorwissen abgeglichen. In der vorliegenden Geschichte verarbeitet Lisbeth zentral. Offensichtlich hat sie sich im Vorfeld des Supermarktbesuchs ins Thema eingelesen. Sie interessiert sich für die Fakten und Hintergründe. Mahlgrad und Boilersystem beeinflussen ihren Kaufentscheid massgeblich. Anders sieht die Sache bei Kummer aus. Er verarbeitet peripher. Bei diesem Verarbeitungsweg rückt die inhaltliche Qualität einer Mitteilung oder eines Angebots in den Hintergrund. Die betreffende Person ist nicht motiviert oder fähig, sich eingehend und kritisch mit einem Gegenstand auseinanderzusetzen. Stattdessen dominieren sogenannt periphere Hinweisreize. Der Empfänger einer Botschaft lenkt seine Aufmerksamkeit auf oberflächliche Argumente. Da Kummer mit den technischen Gegebenheiten der Maschine nichts anzufangen weiss, fliegt er auf die bordeauxrote Farbe, den goldenen Schriftzug und natürlich auf die Tatsache, dass sein Idol Fantastico Kaffee trinkt. Ein weiterer peripherer Hinweisreiz ist die Attraktivität, Bekanntheit oder (vermutete) Kompetenz des Senders einer Botschaft. Wenn Frau Schmid ihr Lächeln aufsetzt, gehen bei Kummer der Puls hoch und die Denkleistung runter. Wäre Lisbeth nicht aufgetaucht, hätte Frau Schmid ihm nebst der Fantastico Kaffeemaschine auch noch ein 24-bändiges Lexikon verkaufen können.

Einen Einfluss auf die Verarbeitung scheint auch die Stimmung zu haben. So verarbeiten gut gelaunte Menschen eher peripher, während Menschen mit schlechter Laune eher einen zentralen Verarbeitungsweg wählen. Die Einladung auf eine Tasse Kaffee führt bei Köbi Kummer zu einer Stimmungssteigerung. Dies wiederum verstärkt seinen Hang zur peripheren Verarbeitung. Vermutlich meiden gut gelaunte Menschen anstrengende Denkprozesse, weil sie fürchten, dass ihre gute Stimmung darunter leiden könnte.

Schliesslich spielt auch die persönliche Relevanz eine wichtige Rolle. Je persönlich bedeutsamer eine Thematik ist, desto eher ist man bereit, zentral zu verarbeiten. Im Fall der Familie Kummer scheint Lisbeth die grosse Kaffeetrinkerin zu sein. Gut vorbereitet interessiert sie sich primär für die Qualität des Angebots. Ob schwarz, weiss oder bordeaurot spielt für sie eine untergeordnete Rolle. Und auch eine männliche Ausgabe von Anna Schmid wäre vermutlich bei ihr abgeblitzt.

Das ELM zeigt auf, wie Einstellungen gebildet werden. In diesem Zusammenhang interessiert auch, wie stabil die Einstellungen sind und ob sie eine Vorhersage des Verhaltens erlauben. Studien belegen, dass die zentrale Verarbeitung zu stabileren Einstellungen führt und eher auch ein entsprechendes Verhalten nach sich zieht[36]. Bei der peripheren Verarbeitung lässt sich ein Verhalten schwerlich voraussagen. Ohne Lisbeth im Schlepptau hätte sich Köbi Kummer die Fantastico Maschine sicherlich gekrallt.

Gut möglich jedoch, dass ihn auf dem Weg zur Kasse noch Zweifel überkommen hätten und er am Schluss ohne Kaffeemaschine nach Hause gekommen wäre.

Wie tickt das Gegenüber? Diese Kernfrage sollte sich stellen, wer andere überzeugen will. Daraus lässt sich die richtige Strategie ableiten. Braucht es periphere Hinweisreize und die Charmeoffensive einer Anna Schmid? Oder macht ein sachlicher Berater Sinn, der die Fakten auf den Tisch bringt? „Know your audience!“, heisst es in der Showbranche. Petty und Cacioppo, die Begründer des ELM, würden dem beipflichten.

22. DER KORRUMPIERUNGSEFFEKT

Köbi KUMMER und der Teufelskerl

Köbi Kummer hatte sich vorbereitet. Er ahnte, es würde hart werden. Kein Zuckerschlecken. Aber er wusste, andere hatten diese Aufgabe auch schon gemeistert. Schliesslich war es soweit. Kummer hörte, wie draussen ein Auto vorfuhr. Er erhob sich aus seinem Sessel, atmete kräftig durch und ballte die Fäuste. Kummer war ein Boxer in der Ringecke, unmittelbar vor dem Kampf. Anstelle der Ringglocke klingelte es an der Türe und Kummer zuckte unweigerlich zusammen. Dann marschierte er entschlossenen Schrittes zur Türe, riss diese auf und starrte direkt in die Mündung einer Pistole. Sein Gegenüber war vermummt, trug einen grossen Cowboyhut und einen funkelnden Sheriffstern auf der Brust. „Er wollte unbedingt sein Cowboykostüm anziehen", hörte Kummer eine Stimme sagen und dann gleich den Zusatz: „Dennis, ich hab Dir doch gesagt, Du sollst mit der Pistole nicht auf Leute zielen." Dennis kümmerte sich nicht um diese Anweisung, drückte mehrmals ab und stürmte dann in die Wohnung. Karl Kummer, Köbis Bruder, lächelte verschmitzt und übergab Kummer eine Tasche. Keine kleine Umhängetasche, sondern eine grosse, klobige Reisetasche mit Kinderkleidern für fünf ganze Tage. Karl formte mit kleinem Finger und Daumen einen Telefonhörer und zwinkerte Kummer zu: „Ruf an, falls was ist!" „Was sollte schon sein?", dachte sich Kummer und vor seinem inneren Auge tauchten brennende Wohnzimmerteppiche, verkratzte Parkettböden und überlaufende Badewannen auf. Risiken und Nebenwirkungen, wenn ein Fünfjähriger von Dennis' Format auf Besuch ist.

Der erste Abend verlief erstaunlich friedfertig. Dennis war zum Musterkind mutiert, sass seelig lächelnd auf dem Stubenboden und türmte Bauklötze aufeinander. Lisbeth und Kummer, mit der schnurrenden Katze im Arm, grinsten um die Wette. „Dennis, wenn Du morgen wieder so einen schönen Turm baust, bekommst Du einen Batzen für dein Sparschwein!" meinte Kummer und strich dem Jungen über den Kopf.

Tatsächlich ging auch Tag 2 reibungslos über die Bühne. Kummer anerkannte Dennis' Baukünste und ein Fünffränkler wechselte den Besitzer. Als der Fünfjährige am dritten Tag nach vollendetem Turmbau wieder die hohle Hand machte, winkte Kummer ab: „Na hör mal, Dennis, ich kann Dir doch nicht ständig Geld geben!" Der Kleine verzog das Gesicht zu einer Grimasse und trottete davon. Am Tag 4 bekam die heile Welt Risse. Nur mit viel Mühe konnte Kummer den Jungen zu einer sozial verträglichen Spielweise animieren. Am fünften Tag ging dann nichts mehr. Wohl griff Dennis noch zu den Bauklötzen. Dieses Mal aber nur, weil sie ihm als Wurfgeschosse dienten. Als unfreiwillige Zielscheiben mussten Kummers Katze und Lisbeths

Porzellanfiguren herhalten. Der Engel war wieder zum Bengel geworden. Um 19.00, hatte Karl gesagt, würde er Dennis abholen. Um 18.30 standen Kummer, der Junge und die grosse Reisetasche vor der Türe. Die Szenerie erinnerte an einen stinkenden Müllsack, den man auch gerne etwas früher auf die Strasse stellt.

Um 19.15 fuhr Karl gut gelaunt vor. Zum Dank für fünf Tage Gastfreundschaft zückte Dennis nochmals seine Pistole und nahm Kummer ins Visier. Dann ballerte er, was das Zeug hielt und hopste schliesslich zufrieden in den Wagen. „Ist er nicht ein Prachtkerl?" frohlockte sein Vater. „Ein Teufelskerl", seufzte Kummer und betonte den Ausdruck so, dass die zweite Worthälfte kaum hörbar war.

Die vorliegende Episode thematisiert den **Korrumpierungseffekt** [37]. Dieser tritt auf, wenn man vormals intrinsisch motivierten Personen einen äusseren (extrinsischen) Anreiz bietet. Fällt dieser Anreiz weg, geht den Betroffenen die Motivation abhanden und sie verlieren das Interesse an einer Tätigkeit, die ihnen früher viel Freude bereitet hat. Weil eine Motivation durch eine andere Motivation verdrängt wird, wird dieses Phänomen auch Verdrängungseffekt genannt. In der vorgängigen Geschichte ist Dennis anfänglich intrinsisch motiviert. Er spielt mit den Bauklötzen, weil ihm dies Spass macht. Die Tätigkeit wird ihrer selbst willen ausgeführt. Es bräuchte eigentlich keinen weiteren Anreiz. Leider erkennt dies Köbi Kummer nicht und belohnt das artige Spielen mit einem Zustupf für das Sparschwein. Am Tag 3 bleibt die extrinsische Belohnung aus und Dennis vergeht die Lust am Spielen mit den Bauklötzen.

Für den Korrumpierungseffekt existieren verschiedene Erklärungsansätze. Ein Forschungszweig vermutet, dass der Mensch eine kognitive Neubewertung vollzieht. Das heisst, er nimmt wahr, dass er nun plötzlich eine Belohnung für eine Tätigkeit erhält, die er eigentlich gerne ausführt. Dies führt zu der Annahme, dass er die Tätigkeit vielleicht gar nicht so mag. Schliesslich verhält es sich bei anderen Tätigkeiten (Arbeiten), für die er eine externe Belohnung erhält, auch so. Die bisherige Bewertung seiner Beweggründe wird korrumpiert und es kann zu einer Änderung der Motivation und entsprechend zu einem Leistungsabfall kommen.

Entwicklungspsychologen argumentieren ähnlich. Ihnen zufolge lernt der Mensch von Kindesbeinen an, dass vor allem unangenehme Tätigkeiten belohnt werden. Fernsehen liegt erst drin, wenn das Zimmer aufgeräumt ist und Dessert gibt es nur dann, wenn der Spinat aufgegessen wurde. Entsprechend suggeriert ein äusserer Anreiz dem Gehirn: Stopp – wenn diese Tätigkeit belohnt wird, kann sie ja gar keinen Spass machen!

Die Psychologen Deci und Ryan begründen den Korrumpierungseffekt anders. Demnach ist es entscheidend, ob eine extrinsische Belohung die **Wahrnehmung von Selbstbestimmung** und **Kompetenzerleben** verändert. Diese Hypothese basiert auf den Prinzipien der Selbstdeterminationstheorie (vgl. Kapitel 11). Sie propagieren, dass Menschen intrinsich motiviert sind, wenn drei Grundbedürfnisse befriedigt werden: Autonomie, Kompetenz und soziale Eingebundenheit. Empfindet der Mensch eine zusätzliche extrinsische Verstärkung als kontrollierend oder als Eingriff in die eigene Entscheidungsfreiheit, dann ist das Auftreten des Korrumpierungseffekts wahrscheinlich. Wird die externe Belohnung jedoch als Wertschätzung der eigenen Kompetenz gedeutet, kommt es kaum zu einem Korrumpierungseffekt.

Natürlich kann auch ein finanzieller Zustupf als Wertschätzung der eigenen Kompetenz interpretiert werden. Alternativ sollen aber auch extrinsische Belohnungen mit einer persönlichen Note ins Auge gefasst werden. Beispielsweise kann eine Firma einen motivierten Mitarbeiter nach dessen Weiterbildungswünschen fragen und ihm die entsprechenden Module finanzieren. Oder ein Dorfverein zeigt seine Wertschätzung und lädt seine Trainer zum Besuch eines Fussballländerspiels ein. Wer den Korrumpierungseffekt umgehen möchte, tut zudem gut daran, extrinsische Belohnungen unregelmässig und überraschend auszuschütten.

Bei aller Rede um extrinsische Belohnungen darf eines nicht vergessen werden: motivational kann ein (ernst gemeintes) Lob manchmal mehr bewirken als die blosse Überweisung eines Geldbetrags. Sprichwörtlich geht dieses beim Empfänger runter wie Butter. Leider geizen gerade Führungskräfte häufig mit Lob. Theodor Helfberend, Coach und Verhaltensbeobachter, trifft den Nagel auf den Kopf: „Wenn es für‘s Loben Kontoauszüge gäbe, ständen viele Leute dauernd im Minus.“

23. DAS PHÄNOMEN DER HABITUATION

KöBI KUMMER und der Herkules 2000

Die beiden Kerle fluchten ordentlich, als sie den Herkules 2000 in Köbi Kummers Dachstock manövrierten. Zumindest nahm Kummer an, dass es sich bei den fremdsprachigen Wortfetzen um Fluchwörter handeln musste. Mimik und Gestik liessen wenig Interpretationsraum zu. Das Ganze war ein Kraftakt und damit eine würdige Taufe für den Herkules 2000.

'Herkules 2000 – Warum in die Ferne schweifen, wenn das Gute so nahe liegt?', lautete der Werbeslogan, der neulich Kummers Augenbrauen nach oben schnellen liess. Das 'Gute' war in diesem Fall eine Kraftstation für zuhause. Ein Heimtrainer, der einem den Gang ins Fitnessstudio erspart. Köbi Kummer war kein Fitnessgänger. Beim Betrachten seines zunehmend birnenförmigen Oberkörpers musste er sich aber eingestehen, dass Handlungsbedarf bestand. Die Möglichkeit, seine Muskeln im stillen Kämmerchen zu stählen, gefiel ihm. Keine nervigen Trainer, die einem ständig ein neues Abo aufschwatzen wollten. Und vor allem keine aufgepumpten Testosteron-Jungs, die seine Fitness-Bemühungen jeweils mit einer Mischung aus Hohn und Mitleid quittierten. Kummer füllte das Bestellformular aus und zwei Wochen später standen Herkules 2000 und die beiden fluchenden Männer vor seiner Haustüre.

Am selben Abend stampfte Köbi Kummer voller Tatendrang in den Dachstock. Er hatte seine Fitnessuniform montiert: Das T-Shirt mit der ‚Turnverein Hinterbuchen' Aufschrift, das in der Bauchgegend mächtig spannte. Dazu sein neongelbes 80er Jahre Stirnband, das ihn wie die männliche Version von Jane Fonda aussehen liess. Kummer nahm den mitgelieferten Übungskatalog zur Hand. Bildchen verdeutlichten die ‚Do's' und ‚Don'ts' des Krafttrainings. Er widmete sich dem Katalog ungefähr so, wie jemand, der im Wartezimmer eine Zeitschrift durchblättert. Dann legte er seinen Kopf auf das Sitzpolster, das Gesäss auf die Kopfraste, drückte mit den Füssen an den Handgriffen und presste mit den Händen auf die Fussstützen. Nach ein paar Verrenkungen hatte er den Dreh raus. Der Startschuss war gefallen.

Fortan drehte sich Kummers Feierabendaktivität um die Zahlen 3-20-6. Damit blieb er seiner jahrelangen Maxime treu, wenn auch gänzlich uminterpretiert. Früher standen diese Zahlen für 3 Stunden durch 20 Fernsehprogramme zappen und dabei ein Sixpack Bier vernichten. Nun ging es darum, 3 Sätze à 20 Wiederholungen für 6 Muskelgruppen zu absolvieren. Er war motiviert bis in die Haarspitzen. Ehefrau Lisbeth zeigte sich erstaunt ob Kummers Tatendrang und genoss gleichzeitig die neu gewonnene Vorherrschaft über die Fernbedienung. Anstatt Shaqiri und Co. flimmerten nun Sissi und Rosamunde Pilcher über die Mattscheibe.

Kummer war auf den Fitnesszug aufgesprungen. Anfänglich verlief die Fahrt reibungslos. Nach zwei Monaten geriet der Zug plötzlich ins Stocken und nach drei Monaten kam er zum Stillstand. Die Motivation war Köbi Kummer abhanden gekommen. Die Luft war draussen. Nicht so, wie wenn man mit der Stecknadel auf einen Ballon einsticht und dieser mit einem lauten Knall platzt. Vielmehr wie ein winzig kleiner Riss im Fahrradschlauch, der langsam und unmerklich die Luft entweichen lässt. Köbi Kummer war platt.

Warum in die Ferne schweifen, wenn das Gute so nahe liegt? In die Ferne gerückt waren der Dachstock und Herkules 2000. Das ‚Gute' entsprach der Möglichkeit, sich mit einem Bier und einem wohligen Seufzer in den Fernsehsessel plumpsen zu lassen. Und so kam es, dass Sissi und Rosamunde Pilcher ins Abseits gerieten, während König Fussball zurück auf den Thron fand.

Auch heute – sechs Monate später – scheinen Kummer die Fitnessübungen nicht zu fehlen. Gleichwohl wird der Herkules 2000 im Hause Kummer eifrig genutzt. Besser gesagt: umgenutzt. Anstelle eines strengen Schweissgeruchs umgibt den Herkules 2000 nun ein blumiger Lilienduft. Lisbeth braucht das gute Teil als Wäscheständer.

Wer sich eine neue Brille aufsetzt, sieht die Welt mit anderen Augen. Vor allem während den ersten paar Minuten! Egal wohin man schaut, stets drängt sich das neue Brillengestänge ins Blickfeld. Glücklicherweise dauert dies nicht lange und nach kurzer Zeit verschwindet dieser Effekt. Psychologen sprechen in diesem Zusammenhang von der **Habituation** oder auch **Habituierung** [38]. Dieses Phänomen entstammt der Lernpsychologie und tritt auf, wenn Individuen wiederholt einem Reiz ausgesetzt werden, der sich als unbedeutend erweist. In der Folge schwächt die Reaktion auf den Reiz allmählich ab und bleibt irgendwann ganz aus. Menschen habituieren in allen Lebenslagen. Personen, bei denen die Autobahn durch den Vorgarten verläuft, blenden den Verkehrslärm aus und schlafen wie die Murmeltiere. Dafür machen ihnen die ersten Nächte beim Bergurlaub zu schaffen. Die ungewohnte Stille entspricht einem neuen Reiz und erschwert anfänglich das Einschlafen. Studien zeigen auf, dass der Mensch bereits wenige Minuten nach der Geburt habituiert [39]. Auf Trompetentöne reagieren Neugeborene mit veränderten Körperbewegungen. Je öfter sie den Tönen ausgesetzt werden, desto schwächer reagieren sie.

Da Menschen über eine beschränkte Aufnahmefähigkeit verfügen, spielt die Habituation bei der Alltagsbewältigung eine wichtige Rolle. So werden unwichtige Reize ignoriert und es bleibt mehr Kapazität für das Wesentliche. Nun beinhalten Prozesse rund um die Habituation auch eine Kehrseite. Und genau da kommen Köbi Kummer und sein überteuerter Wäscheständer ins Spiel. Die ‚Macht der Gewohnheit' kann sich nachteilig auf die Motivation auswirken. Der Mensch weist eine ‚*novelty preference*' auf. Er lechzt gewissermassen nach neuen Eindrücken. Entsprechend weisen der erste Kuss, die erste Fahrt im neuen Auto oder das erste Dinner im Luxus-Restaurant eine andere Intensität auf, als die zehnte, hundertste oder tausendste Wiederholung. Der Bissen verliert seinen Geschmack, wenn er durchgekaut ist. Ähnlich verhält es sich mit Köbi Kummer und dem Krafttraining. Nach mehrmaligem Training beginnt ihm die Ertüchtigung am Gerät fade zu schmecken und er wirft den Löffel hin. „Kein Wunder!" monieren Fitnessmuffel und zeigen sich wenig erstaunt, dass das monotone Rumgezerre an einem Kraftgerät auf Dauer keinen Spass macht. Das muss nicht sein. Um Habituationseffekte zu vermeiden, braucht es viel Variation. So macht Kummers Zauberformel (3-20-6) zu Beginn durchaus Sinn. Nach einigen Wochen sollte er aber die Wiederholungs- und/oder Satzzahl ändern. Variationen des Gewichts, der Pausenzeit, der Übungsreihenfolge, der Bewegungsgeschwindigkeit sowie der Start- und Endposition sind weitere Möglichkeiten, um keine Langeweile aufkommen zu lassen und die Motivation hochzuhalten.

Eine weitere Möglichkeit, der Habituation ein Schnippchen zu schlagen, ist das Denken in Kategorien. Dadurch wird der Fokus mehr auf die Unterschiede gelenkt und weg von (langweiligen) Wiederholungen. Wissenschaftler sprechen von einem Kategorisierungseffekt und belegen dessen Existenz experimentell [40]. Versuchspersonen bekamen Bonbons unterschiedlicher Geschmacksrichtungen zum Probieren. Auf einer Leinwand sahen sie, wie viele Bonbons sie bereits konsumiert hatten. Einer Gruppe wurde dabei nur die Gesamtanzahl gezeigt, eine andere Gruppe erhielt eine detaillierte Auflistung nach Unterkategorien (Erdbeere, Caramel, usw.). Gesamtmenge und Geschmackszusammensetzung waren bei beiden Gruppen identisch. Gleichwohl beurteilte die Unterkategorien-Gruppe die Bonbons als schmackhafter. Es scheint, dass sich Gewöhnungseffekte mit dem Denken in Kategorien abschwächen lassen. Zu einem solchen Kniff kann auch gegriffen werden, wenn die Motivation für das sportliche Training im Keller ist. Wer im

Hallenbad einen Kilometer schwimmen möchte, hat 40 Längen zu absolvieren. Eine Zahl, deren Höhe dazu führen könnte, dass der von Motivationsproblemen geplagte Freizeitsportler nach 20 Längen zum Whirlpool rüberpaddelt. Mit dem Kategoriendenken kann dieses Szenario vermutlich umschifft werden. 10 Längen (Fokus auf Beinschlag) + 10 Längen (Fokus auf Armzug) + 10 Längen (Fokus auf Gleitphase) + 10 Längen (Fokus auf Atmung) sind motivational einfacher zu bewältigen.

Fazit: Gerade bei Fitness- und Ausdauersportarten befindet sich die Habituation stets in Lauerstellung. Damit die Turnschuhe nicht plötzlich am Nagel hängen, lohnen sich häufiges Variieren und Kategoriendenken. Wer diesen Ratschlag in den Wind schlägt, dem ergeht es vielleicht wie Köbi Kummer, und auf dem Dachstock steht ein Heimtrainer als Mahnmal gescheiterter Vorsätze.

24. DAS PHÄNOMEN DES SOZIALEN FAULENZENS

Köbi Kummer und der kollektive Tagträumermodus

Kummer griff lechzend in die Chipstüte. Weber sah seiner Traumfrau beim Kerzenlichtdinner tief in die Augen. Hunziker schwankte zwischen Gucci und Dior. Müllers Blick schweifte über den weissen Sandstrand. Hugentobler studierte die Menükarte in seinem Lieblingsrestaurant. Sanchez jubelte seiner Mannschaft zu, und Herrmann zog Schlangenlinien durch den Tiefschnee. Plötzlich donnerte eine Stimme durch den Raum, so dass Sanchez der Fangesang und Kummer die Chips im Halse stecken blieben. Es war gewissermassen der Weckruf, wieder ins Hier und Jetzt zurückzukehren. Die Aufforderung an alle Beteiligten, dem Arbeitsseminar ‚Strategien zur Optimierung interner Controlling-Prozesse' nicht nur physisch, sondern auch psychisch beizuwohnen. „Bitte fassen Sie die Ergebnisse Ihrer Gruppendiskussion kurz zusammen", wies Seminarleiter Steiger die Teilnehmer an. Zu ausgewählten Badedestinationen, dem Spitzenkampf in der Meisterschaft oder neusten Modetrends hätte Kummers Gruppe sicherlich einen Beitrag leisten könen. Nicht aber zur Fragestellung, die im Raum stand. Entsprechend studierten Müller, Sanchez und Hugentobler die Stuckaturen an der Decke, während Weber, Hunziker und Herrmann pseudo-beschäftigt an ihrem Handy rumfummelten.

Plötzlich tauchte Steiger neben der Gruppe auf, wedelte mit einem Blatt und meinte: „Bitte übertragen Sie Ihre Erkenntnisse noch auf dieses Arbeitsblatt. Sie brauchen keine Namen darauf zu schreiben, die Befragung ist anonym." Wie so oft bei Gruppenarbeiten geriet das Arbeitsblatt augenblicklich zur heissen Kartoffel, die panisch im Kreis herumgereicht wurde. Das Blatt landete schliesslich bei Kummer, der fluchend ein paar Stichworte darauf kritzelte und es nach vorne brachte. Nach einer Kaffeepause ergriff Steiger wieder das Wort: „Gerne möchte ich Sie zu einer weiteren Gruppendiskussion einladen." Köbi Kummer und seine Bürokollegen hatten wenig gemein. Was sie aber verband, war ein feines Gespür für ihren Chef und dessen Worte. Und so führte die Anweisung ‚Gruppendiskussion' jeweils einen kollektiven Wechsel in den Tagträumermodus herbei. Steiger fuhr fort: „Diskutieren Sie bitte in einem ersten Schritt, wieso Katzen immer auf den Pfoten landen und Butterbrote immer auf der Butterseite. Überlegen Sie sich in einem zweiten Schritt, was passieren würde, wenn man einer Katze ein Butterbrot auf den Rücken bindet?"

Natürlich hatte Herr Steiger nicht diese Diskussionsthemen herausgegeben. Er hätte es aber problemlos tun können, keiner hätte es bemerkt. Gedanklich waren unsere Protagonisten längst wieder auf Wanderschaft. Diese führte sie zurück zu den Chips mit extrafeiner Käsefüllung, zum sündhaft teuren Designer-Kleid, zum Torjubel in der Nachspielzeit und natürlich zur Traumfrau im Kerzenlicht.

„Spiel doch ab! Wieso redet ihr nicht miteinander?" brüllte Kummer und sprang vor dem Fernseher auf. Das Länderspiel, das am Abend ausgestrahlt wurde, zerrte an seinen Nerven. „Alles Egoisten! Keine Teamplayer!" fluchte er und beruhigte sich erst, als seine Frau Lisbeth ihm eine grosse Schale Chips rüberschob.

Wenn wir als Fernsehsportler auf der Couch Platz nehmen, erwarten wir von den Hautpdarstellern, dass sie Teamgeist zeigen. Elf Freunde sollen sie sein. Möglichst auf und neben dem Platz. Einer für alle, alle für einen. Ein ausgepräger Teamspirit – dessen sind wir uns sicher – vermag Berge zu versetzen. Entsprechende Beispiele sind schnell zur Hand. Bei der Arbeit, zuhause oder im Sport haben wir schon erlebt, wie das Ganze mehr als die Summe seiner Teile ist. Unvergessen beispielsweise die isländische Mannschaft bei den Fussball-Europameisterschaften 2016. Eine Ansammlung durchschnittlicher Fussballer, die als Team derart stark auftraten, dass sie im Achtelfinale das englische Star-Ensemble nach Hause schickten. Welche Rolle gruppendynamische Prozesse in dieser Affiche gespielt haben müssen, lässt der Blick auf den Marktwert der beiden Teams erahnen: 428 Millionen Euro (England) vs. 3.6 Millionen Euro (Island). Grosses Kino mit dem vielzitierten Teamgeist in der Hauptrolle.

Dem ist nicht immer so. Nicht selten glänzt der Teamgeist nämlich mit Abwesenheit. Unsichtbar, wie sich das für einen richtigen Geist gehört. Auch in der Episode rund um Köbi Kummer und seine Arbeitskollegen sucht man ihn vergeblich. Tagträume statt konstruktive Gruppendiskussion. Dass ein solches Verhalten vielleicht mehr Regel als Ausnahme ist, vermutete Maximilien Ringelmann bereits vor über hundert Jahren. Mit seinen Experimenten kratzte er heftig am Image des Teamgeists [41]. So liess er Versuchspersonen sprichwörtlich am selben Strick bzw. Seil ziehen und mass dabei die Leistung. Interessanterweise nahmen die Leistungen der Gruppenmitglieder bei steigender Gruppengrösse ab. Je mehr Leute also in einer Gruppe waren, desto weniger schien sich der Einzelne anzustrengen. Ringelmanns Interpretation, dass die Leistungsabnahme auf einem Motivationsabfall begründetet, rief die Kritiker auf den Plan. Sie vermuteten, dass die experimentellen Befunde mit Koordinations- und nicht mit Motivationsverlusten zusammenhingen. Das heisst, die einzelnen Gruppenmitglieder zogen vielleicht nicht simultan oder in leicht unterschiedliche Richtungen. Eine Problematik, die sich bei steigender Gruppengrösse akzentuiert.

Jahre später brachten Folgeexperimente mehr Klarheit [42]. Wiederum liessen die Forscher Versuchspersonen an einem Tau ziehen und variierten dabei die Gruppengrössen. Dieses Mal jedoch verband man den Versuchspersonen die Augen und liess einen Teil in Pseudogruppen ziehen: das heisst, man liess sie im Glauben, dass noch andere am Seil zogen. In Wahrheit waren sie jedoch alleine. Ein geschicktes Versuchsdesign, mit dem allfällige Koordinationsverluste ausgeschlossen wurden. Die Auswertungen ergaben, dass Versuchspersonen in der vermeintlichen Gruppensituation weniger stark zogen. Basierend auf diesen Befunden prägten Psychologen den Begriff des **sozialen Faulenzens** [43]. Demnach reduzieren Individuen ihre Anstrengungen bei Gruppenaufgaben.

Dabei tritt das soziale Faulenzen vor allem dann auf, wenn sich der Beitrag des Einzelnen nicht messen lässt. So kann das Phänomen bei einer Schwimmstaffel kaum beobachtet werden, da die Zeiten der einzelnen Athleten messbar sind. Anfälliger hingegen wäre ein Ruderwettbewerb oder eben die obige Gruppendiskussion. Der jeweilige Beitrag von Köbi Kummer und seinen Kollegen am Gruppen-Output ist nicht nachweisbar. Die Tatsache, dass der Seminarleiter die abzugebenden Arbeitsblätter anonymisiert, treibt die Motivation der Arbeitsgruppe weiter in den Keller. Ungünstig ist auch die gewählte Gruppengrösse (7 Mitglieder). Je mehr Menschen zu einer Gruppe gehören, desto grösser ist die sogenannte **Verantwortungsdiffusion**.

Das heisst, die Verantwortung verteilt sich auf (zu) viele Schultern und es fällt entsprechend leicht, diese abzuschieben. Möchte der Seminarleiter Steiger Köbi Kummer und die anderen sozialen Faulenzer in den Griff bekommen, sollte er also als erstes kleinere Gruppen bilden (3–4 Personen pro Gruppe). Zudem ist darauf zu achten, dass die Gruppe ihre Ergebnisse den anderen Seminarteilnehmern präsentiert. Idealerweise differenzieren die Aufgabenstellungen zwischen den Gruppen. Je mehr die Gruppenmitglieder das Gefühl haben, einen einzigartigen Beitrag zu leisten, desto kleiner ist die Wahrscheinlichkeit des sozialen Faulenzens. Von zentraler Bedeutung ist zudem die Möglichkeit, die Leistung des Einzelnen beurteilen zu können. So könnte Steiger den einzelnen Gruppenmitgliedern Aufgaben zuweisen: „Sie, Kummer, notieren die Diskussionsergebnisse zum Unterthema A. Sie, Weber, fassen die diskutierten Punkte zum Unterthema B zusammen etc." Nimmt sich Steiger diese Empfehlungen zu Herzen, stehen die Chancen gut, dass Kummer und Co. ihre Tagträume auf den Feierabend legen. Mit Hilfe geschickt gewählter Rahmenbedingungen lässt sich der Teamgeist zum Leben erwecken. Ob das Arbeitsseminar ‚Strategien zur Optimierung interner Controlling-Prozesse' dann ähnlich magische Momente liefert wie dies die isländischen Fussballer vollbracht haben, steht aber auf einem anderen Blatt geschrieben.

1. Roux N (2015) Handelsdaten aktuell 2015. EHI Retail Institute, Köln

2. Baumeister RF, Vohs KD, Tice DM (2016) The Strength Model of Self-Control. Current Directions in Psychological Science 16(6):351–355

3. Au Cv (Hrsg) (2017) Führung im Zeitalter von Veränderung und Diversity. Innovationen, Change, Merger, Vielfalt und Trennung. Leadership und Angewandte Psychologie. Springer, Wiesbaden

4. Nicholls JG (1984) Achievement motivation. Conceptions of ability, subjective experience, task choice, and performance. Psychological Review 91(3):328–346.

5. Atkinson JW (1957) Motivational determinants of risk-taking behavior. Psychological Review 64(6):359–372

6. Zimmerman BJ (1998) Academic studing and the development of personal skill. A selfregulatory perspective. Educational Psychologist 33(2-3):73–86

7. Rosenthal R, Fode KL (1963) The effect of experimenter bias on the performance of the albino rat. Behavioral Science 8(3):183–189

8. Rosenthal R, & Jacobson L (1968) Pygmalion in the classroom. Teacher expectations and pupils' intellectual development. Holt, Rinehart and Winston, New York

9. Feldman RS (Ed.) (1990) The social psychology of education. Current research and theory, Cambridge Univ. Press, Cambridge

10. Seligman ME (2016) Erlernte Hilflosigkeit. Anhang: 'Neue Konzepte und Anwendungen' von Franz Petermann, 5. Aufl. Beltz J, Weinheim

11. Seligman ME, Maier SF (1967) Failure to escape traumatic shock. Journal of Experimental Psychology 74(1):1–9

12. Seligman MEP (1992) Helplessness. On depression, development, and death ; with a new introduction by the author. A series of books in psychology. Freeman, New York NY

13. Freedman JL, Fraser SC (1966) Compliance without pressure: the foot-in-the-door technique. Journal of Personality and Social Psychology 4(2):195–202

14. Festinger L (2012) Theorie der kognitiven Dissonanz, 2. Aufl. Programmbereich Psychologie. Verlag Hans Huber, Bern

15. Cialdini RB (1975) Reciprocal concessions procedure for inducing compliance. The door-in-the-face technique. Journal of Personality and Social Psychology 31(2):206–215

16. Locke EA, Latham GP (1990) A theory of goal setting & task performance. Prentice-Hall [u.a.], Englewood Cliffs NJ

17. Maslow AH (1943) A theory of human motivation. Psychological Review 50(4):370–396

18. Deci EL, Ryan RM (2008) Self-determination theory. A macrotheory of human motivation, development, and health. Canadian Psychology/ Psychologie canadienne 49(3):182–185

19. Herzberg F, Mausner B, Snyderman BB (1959) The motivation to work. Wiley; Chapman & Hall, New York, London

20. Lewin K (ca. 1970) A dynamic theory of personality. McGraw-Hill, New York

21. Siebert H (2001) Der Kobra-Effekt. Wie man Irrwege der Wirtschaftspolitik vermeidet, 4. Aufl. Dt. Verl.-Anst, Stuttgart

22. Atkinson JW (1964) An introduction to motivation. Van Nostrand, Princeton N.J

23. Adams JS (1965) Inequity in social exchange. In: Berkowitz L (Eds.) Advances in experimental social psychology. Volume 2 Bd 2 Academic Press, New York, London, p. 267–299

24. Brosnan SF, Waal FBM de (2003) Monkeys reject unequal pay. Nature 425(6955):297–299

25. Csikszentmihalyi M (2010) Das Flow-Erlebnis. Jenseits von Angst und Langeweile: im Tun aufgehen, 11. Aufl. Konzepte der Humanwissenschaften. Klett-Cotta, Stuttgart

26. Kowal J, Fortier MS (1999) Motivational determinants of flow. Contributions from Self-Determination Theory. The Journal of Social Psychology 139(3):355–368

27. Baumeister RF, Bratslavsky E, Muraven M, Tice DM (1998) Ego depletion: is the active self a limited resource? Journal of Personality and Social Psychology 74(5):1252–1265

28. Gailliot MT, Baumeister RF, DeWall CN, Maner JK, Plant EA, Tice DM, Brewer LE, Schmeichel BJ (2007) Self-control relies on glucose as a limited energy source: willpower is more than a metaphor. Journal of Personality and Social Psychology 92(2):325–336

29. Danziger S, Levav J, Avnaim-Pesso L (2011) Extraneous factors in judicial decisions. Proceedings of the National Academy of Sciences of the United States of America 108(17):6889–6892

30. Fishbein M, Ajzen I (1975) Belief, attitude, intention and behavior. An introduction to theory and research. Addison-Wesley series in social psychology. Addison-Wesley, Reading, Mass

31. Ajzen I (1991) The theory of planned behavior. Organizational Behavior and Human Decision Processes 50(2):179–211

32. Brehm J (1966) A theory of psychological reactance. Academic Press, New York

33. Bushman BJ, Stack AD (1996) Forbidden fruit versus tainted fruit. Effects of warning labels on attraction to television violence. Journal of Experimental Psychology: Applied 2(3):207–226

34. Chiva-Blanch G, Urpi-Sarda M, Ros E, Arranz S, Valderas-Martínez P, Casas R, Sacanella E, Llorach R, Lamuela-Raventos RM, Andres-Lacueva C, Estruch R (2012) Dealcoholized red wine decreases systolic and diastolic blood pressure and increases plasma nitric oxide: short communication. Circulation Research 111(8):1065–1068

35. Petty RE, Cacioppo JT (1986) The Elaboration Likelihood Model of Persuasion. In: Berkowitz L (Eds.) Advances in experimental social psychology, Vol. 19. Academic Press, Orlando (FL), p. 123–205

36. Petty RE, Wegener DT (1990) The Elaboration Likelihood Model: Current status and controversis. In: Chaiken T (Eds.) Dual-process theories in social psychology, p. 41–72

37. Deci EL, Koestner R, Ryan RM (1999) A meta analytic review of experiments examining the effects of extrinsic rewards on intrinsic motivation. Psychological Bulletin 125(6):627-68; discussion 692-700

38. Thompson RF, Spencer WA (1966) Habituation: a model phenomenon for the study of neuronal substrates of behavior. Psychological Review 73(1):16–43

39. Bernard J, Sontag LW (1947) Fetal reactivity to tonal stimulation. A preliminary report. The Pedagogical Seminary and Journal of Genetic Psychology 70(2):205–210

40. Redden JP (2008) Reducing satiation. The role of categorization level. J Consum Res 34(5):624–634

41. Ringelmann M (1913) Recherches sur les moteurs animés. Travail de l'homme. Annales de l'Institut National Agronomique 2(12):1–40

42. Ingham AG, Levinger G, Graves J, Peckham V (1974) The Ringelmann effect. Studies of group size and group performance. Journal of Experimental Social Psychology 10(4):371–384

43. Latané B, Williams K, Harkins S (1979) Many hands make light the work. The causes and consequences of social loafing. Journal of Personality and Social Psychology 37(6):822–832

Tim Hartmann

Dr. phil. Tim Hartmann ist diplomierter Turn- und Sportlehrer und promovierter Psychologe. Er unterrichtet als Dozent am Departement für Sport, Bewegung und Gesundheit (DSBG) der Universität Basel und arbeitet bei Jugend+Sport am Bundesamt für Sport in Magglingen. Im Rahmen seiner akademischen Tätigkeit befasst er sich mit gesundheitspsychologischen Fragestellungen im Sport und am Arbeitsplatz. Daneben ist er als Trainer auf der Judomatte tätig.

Markus Gerber

Prof. Dr. phil. Markus Gerber ist habilitierter Sportwissenschaftler und Leiter der Abteilung Sport und Psychosoziale Gesundheit am Departement für Sport, Bewegung und Gesundheit der Universität Basel. In seiner Forschung beschäftigt er sich schwerpunktmäßig mit dem Einfluss körperlicher Aktivität auf die Stress-Gesundheits-Beziehung sowie mit den Themen Motivation, Volition, Schlaf, mentale Toughness und Bewegungsförderung.

Uwe Pühse

Prof. Dr. phil. Uwe Pühse ist Leiter der Abteilung Sportwissenschaft am Departement für Sport, Bewegung und Gesundheit (DSBG) an der Medizinischen Fakultät der Universität Basel. Die Forschungsgruppe beschäftigt sich schwerpunktmässig mit psycho-sozialen Aspekten von Bewegung und Gesundheit. In diesem Zusammenhang werden nationale wie auch internationale Studien durchgeführt wie z.B. die DASH-Studie sowie das Kazi-Bantu-Projekt in Kooperation mit der Nelson Mandela Universität in Port Elizabeth, Südafrika.

Printed in Poland
by Amazon Fulfillment
Poland Sp. z o.o., Wrocław

85495421R00076